Winckelmann

Johann J. Winckelmann

Lo bello en el arte

casimiro

casimiro [*casimiroa edulis*]

Lo bello en el arte,
  Traducción de Manfred Schönfeld
  originalmente publicada por Ediciones Nueva Visión, Buenos Aires, 1964

En cubierta: Atenodoro, Polidoro y Agensandro, *Laocoonte y sus hijos*, siglo I d. C.
  Museos Vaticanos, Ciudad del Vaticano

ISBN: 979-13-87675-00-4
Depósito legal: M-10434-2025

Hecho en Madrid

Lo bello en el arte

Podría decirse de la belleza lo que Cotta sostiene de Dios, al referirse a Cicerón: es más fácil definir lo que no es, que describir lo que es. En cierto modo, la relación que existe entre la belleza y su contrario es la que encontramos entre salud y enfermedad. Sentimos ésta, pero no aquélla.

La belleza es uno de los grandes secretos de la naturaleza cuyo efecto vemos y sentimos todos, pero cuya esencia, como concepto de comprensión general, pertenece al terreno de las verdades insondables. Si tal concepto fuese geométricamente explicable, no variaría el juicio de los hombres acerca de lo bello y, por lo demás, sería fácil convencerlos con respecto a la verdadera belleza. Tampoco habría personas, de sensibilidad tan infortunada o de prejuicios tan contradictorios, que por una parte concibiesen una belleza falsa, y por otra no aceptasen un correcto concepto de ella.

No debe causar asombro el hecho de que, entre nosotros, los conceptos de la belleza difieran en gran medida

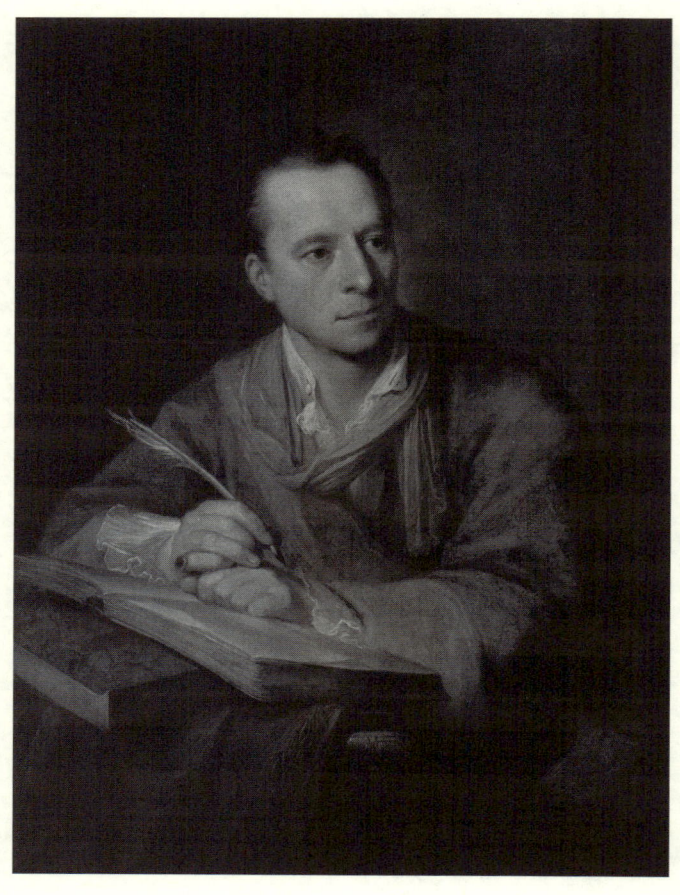

Johann Joachim Winckelmann
(Stendal, Brandenburgo 1717 - Trieste 1768)
Retratado en 1764 en Roma por Angelica Kauffmann

de los que poseen los pueblos de la China o de la India, si tenemos en cuenta que muy rara vez nosotros nos ponemos de acuerdo respecto de un rostro bello.

La belleza se capta con los sentidos, pero se conoce y comprende merced al entendimiento.

En cuanto a su forma general, la mayoría de los pueblos civilizados de Europa, así como de Asia y África, han coincidido. Por ello no debe considerarse que tales conceptos hayan sido adoptados arbitrariamente, aun cuando no podamos indicar la razón de todos ellos.

El color contribuye a la belleza, pero no es la belleza misma, sino que la eleva en sí y en sus formas. Es lo mismo que el sabor del vino, que se torna más agradable cuando vemos su color a través de una copa transparente, que cuando lo bebemos en un ánfora de oro, por muy preciosa que sea. Esto no obsta para que la belleza no se nos revele también dentro de un revestimiento inusitado y en un color que se oponga a la naturaleza. Por otra parte, es necesario distinguir la belleza de la cualidad de agradable o amable. Puesto que se puede denominar agradable o amable a una persona que, por su manera de ser, su conversación, o también por su juventud, sea capaz de atraernos, sin que por ello sea bella.

Los sabios que investigaron acerca de las causas de lo universalmente bello y trataron de llegar hasta la fuente de la suprema belleza, convinieron en que ésta se encuentra en la armonía total del ser con sus intenciones, y de las partes entre sí y con respecto al todo. Pero como esto equivale a la perfección, a la que jamás podría aspirar la humanidad, nuestra idea de lo universalmente bello se mantiene indeterminada y se compone de diversos conocimientos individuales, que nos dan la idea más elevada de la belleza humana... Y puesto que nuestros conocimientos son conceptos comparativos, y la belleza no se puede comparar con nada superior, resulta difícil una explicación general y comprensible. La belleza suprema está en Dios, y el concepto de belleza humana se va perfeccionando a medida que se lo puede pensar más acomodado y más coincidente con el Ser supremo... Ese concepto de belleza es como un espíritu que de la materia ha debido atravesar el fuego, y busca engendrar para sí un ser a imagen y semejanza de la primera criatura racional concebida en la mente de la divinidad. Las formas de semejante imagen son simples e ininterrumpidas, y en su unidad son múltiples, razón por la cual son también armoniosas.

Por medio de la unidad y de la sencillez, toda la belleza se torna sublime, de la misma manera como, por medio de ella, se convierte en sublime lo que hacemos o hablamos. Porque lo que en sí es grande se torna, cuando se ejecuta y expone con sencillez, sublime. No porque nuestra mente pueda abarcarlo y medirlo de un solo golpe de vista debe considerárselo como más estrictamente limitado, ni porque la pueda encerrar en un solo concepto ha de perder parte de su grandeza; al contrario, precisamente por ese carácter conceptual adquiere totalmente esa grandeza, y nuestro espíritu se ensancha por el hecho de captarlo. Porque todo lo que estamos obligados a captar parcialmente, o lo que no podemos abarcar de una sola vez por la cantidad de partes componentes, disminuye en su grandeza.

Por esta razón, un palacio grande parece pequeño cuando está recargado de adornos, y una casa parece grande, cuando ha sido realizada con belleza y sencillez.

En lo que se refiere a la belleza de las diversas partes del cuerpo humano, la naturaleza es el mejor maestro. Porque, en cada detalle, ella es superior al arte, así como éste puede superarla con respecto al todo.

Es posible reducir la belleza a ciertos conceptos fundamentales, pero no se la puede agotar mediante una explicación determinada. Comúnmente se dice que consiste en la armonía recíproca del ser con respecto a sus intenciones, y de las partes entre sí y con respecto al todo. De esta manera se confunde belleza con perfección, la que por su parte no es definida de ese modo ni podría serlo, puesto que la humanidad no es capaz de lograrla. Porque ¿cómo puede agotarse con una explicación la naturaleza de lo bello, si se la confunde con la de lo perfecto? Por ello, si es imposible de explicar la esencia de la belleza, es porque trasciende nuestra capacidad de concebir. Puesto que no fuimos capaces de imaginarnos algo más sublime y perfecto que la belleza, la consecuencia natural de ello fue que lo bello y lo perfecto nos pareciesen cosas equivalentes.

El modelo más elevado de las artes es, para los hombres reflexivos, el hombre mismo, o al menos su superficie externa, tan difícil de investigar para el artista como, para el sabio, lo es investigar el interior del hombre. Y lo más difícil de investigar es la belleza, porque no se somete a ningún género o medida. Por eso, la comprensión de la relación que existe en el conjunto –la ciencia de huesos y músculos– no resulta tan difícil. Está más divulgada que la comprensión de lo bello. Y aun cuando lo bello pudiese ser determinado por un concepto general, ello no ayudaría mayormente a aquel a quien el cielo le hubiese negado sensibilidad. Lo bello reside en la multiplicidad y en lo simple. Esta es la piedra filosofal que los artistas deben buscar.

Con la capacidad de captar lo bello ocurre como con el sentido común. Todo el mundo cree poseerlo, aun cuando es más raro que el ingenio. El que tiene ojos, como todos los demás, se cree capaz de ver tan bien como todos los demás. Así como no hay muchacha que se tenga por fea, del mismo modo todas las personas pretenden conocer lo bello. No hay cosa que resulte más ofensiva que sostener que alguien no tiene buen gusto. Más aún: la gente prefiere confesarse mediocre en cualquier conocimiento, antes que aceptar el reproche de ser inapta para el conocimiento de lo bello. Esta aptitud, en cambio, es, como el espíritu poético, un don del cielo. Se forma sola, pero sin maestro e instrucción quedaría vacía y muerta.

La capacidad de captar lo bello ha sido dada por el cielo a todas las criaturas racionales, pero en grados muy diversos. En la mayoría de los casos, el sentimiento es breve, como el tono de una cuerda demasiado tensa. Lo bello y lo mediocre son recibidos por muchos de la misma manera, al igual que lo meritorio y lo vulgar por parte de una persona de excesiva cortesía. Hay quienes poseen dicha capacidad de captar lo bello en grado tan mínimo, que se diría que, en el momento de repartirla, la naturaleza no se hubiese fijado en ellos.

También podría atribuirse la rareza de ese sentimiento a la falta de escritos que enseñen la belleza. Lo cierto es que, desde la época de Platón hasta nuestros tiempos, los escritos de ese tipo, acerca de lo universalmente bello, son vacíos, poco enseñan y encierran un pobre contenido.

La captación de lo bello se despierta y acrecienta merced a una buena educación. Aparece, en este caso, más tempranamente que si la educación hubiese sido descuidada. Con todo, aun en este último caso, no se la puede ahogar (como pude comprobar en mi propio caso). Se desarrolla más en lugares grandes que en pequeños, y más en el trato cotidiano que en la enseñanza. Porque el mucho saber, según decían los griegos, no despierta el sentido común.

Vivir en lugares alejados de las cortes, sin mayores alternativas, en trato tan sólo con sus iguales, en trabajo constante para procurarse el sustento, limita el espíritu.

En los jóvenes en proceso de formación, la sensibilidad de lo bello, como cualquier otra inclinación, está envuelta en emociones oscuras y confusas. En muchachos hermosamente conformados suele darse más tempranamente que en otros, porque comúnmente nos preocupa el cómo estamos conformados. Dicha sensibilidad se pone más claramente de manifiesto en aquellos casos en que –al leer a un autor, por ejemplo– nos sentimos heridos más fuertemente allí donde son tocados los sentidos indómitos, como podrían serlo en el discurso de Glaucos a Diomedes, cuando compara emotivamente la vida humana con el follaje, dispersado por el viento pero que vuelve a nacer con la primavera.

Donde no existe semejante sensibilidad, sería como enseñarles belleza a los ciegos, así como la música no puede impresionar a un oído que no sea musical.

Como, por otra parte, la belleza humana debe ser concebida en el entendimiento como vida universal, he observado que aquellos que sólo la ven en las bellezas del sexo femenino no poseen en forma innata ni pueden llegar a experimentar fácilmente la sensibilidad de la belleza en el arte.

Se requiere mayor sensibilidad para captar la belleza en el arte que para captar la que se encuentra en la naturaleza, puesto que aquélla –tal como sucede con las lágrimas en el teatro, que se vierten sin dolor– no tiene vida, y ésta debe ser reemplazada y despertada por la imaginación. Mas como la imaginación es más fogosa en la juventud que en la edad madura, es aconsejable que la aptitud, de la cual hablamos, sea ejercitada tempranamente y conducida hacia lo bello, antes de que llegue la vejez, en la que nos espante tener que confesar que ya no tenemos sensibilidad para ello.

El verdadero sentimiento de lo bello se asemeja a un yeso líquido que vertiéramos sobre la cabeza del Apolo para rodearla y abrazarla en todas sus partes. El modelo de este sentimiento no debe ser lo que dictan el impulso, la amistad y la cortesía, sino lo que capta un sentido más íntimo y más aguzado, por amor de la belleza misma y libre de toda otra intención. . . En teorías y leyes hay que buscar el tono más agudo, puesto que la cuerda se afloja por sí misma: digo lo que debería ser, no lo que suele ser, y mi concepto no es jamás prueba de que el cálculo haya sido correcto. El instrumento de esa sensación es el sentido externo, y su asiento el interno. Aquél debe ser ajustado, éste sensible y fino. La justeza del ojo es, empero, lo que muchos no tienen, así como otros carecen de un oído sensible o de un olfato delicado.

Tampoco son las inteligencias fogosas y rápidas las más apropiadas para captar lo bello. Así como el goce de nosotros mismos y el verdadero placer sólo se pueden lograr en la calma del espíritu y del cuerpo, así también el goce de lo bello debe ser tierno y suave como un rocío benigno, y nunca como un chubasco intenso y pasajero.

Si el sentido externo ha de ser sereno, es de desear por otra parte que el interno sea correspondientemente perfecto. Porque éste es como un segundo espejo, a través del

cual vemos de perfil la esencia de nuestra propia semejanza.

El sentido interno es la representación y conformación
de las impresiones recibidas por el sentido externo. Es, en
una palabra, lo que denominamos sensibilidad. Pero no
siempre guardan proporción entre sí el sentido interno y
el externo. Porque el uno no tiene la misma sensibilidad
que el otro, que opera mecánicamente, en tanto que en
aquél es necesario un efecto espiritual. . . El sentido interno debe ser listo, delicado y plástico. Debe ser listo y rápido, porque las primeras impresiones son las más fuertes y
se anticipan a la reflexión. Lo que captamos por reflexión
es más débil. Debe ser delicado este sentido, porque lo
bello consiste en la armonía de las partes. Su perfección es
un suave crecer y decrecer y tiene un efecto moderador
sobre nuestra sensibilidad. Toda sensación violenta es
perjudicial para la contemplación y el goce de lo bello,
porque es breve. Lleva de una sola vez hacia donde
debería conducir gradualmente. La tercera cualidad del
sentimiento interno, que reside en una representación
vivaz e interna de lo bello que se ha contemplado, es consecuencia de las dos primeras, y no existe sin éstas. Su
fuerza crece con el ejercicio, como ocurre con la memo-
ria. Tal capacidad debe ser considerada como un raro don
del cielo, que ha hecho que el sentido sea capaz, en sí, de
gozar de lo bello y de la vida misma. Porque, en la vida, la

felicidad estriba en una prolongación de sensaciones agradables.

La belleza no es otra cosa que un término medio con respecto a los extremos. Así como el camino del medio es el mejor de todos, es también el más bello. Para lograr ese término medio es necesario conocer los dos extremos. Dios y la Naturaleza han elegido lo mejor, y la belleza de la forma consiste precisamente en que las cosas estén situadas con respecto a un término medio. La uniformidad no engendra belleza. Es por ello que nuestro rostro no podría tener, como el de los animales, dos partes, frente y nariz. La armonía se perfecciona en los números impares. Dos cosas, una al lado de la otra, no están bien sin una tercera. Mas, cuando la paridad de los números crece, la uniformidad se torna menos notable, y termina por adoptar la naturaleza del número impar.

La gracia también era venerada entre los antiguos griegos, sólo que con dos nombres; la una era como la Venus de origen sublime, engendrada y formada por la armonía, fuente y madre de toda belleza. Por ello es constante e inmutable, así como son eternas las leyes de la armonía.

La otra era como la Venus hija de Dione, más sujeta a la materia; era y es hija de su tiempo y sólo servidora de la primera, pues la anuncia a aquellos que no están consagrados a la gracia celestial. Ésta se rebaja de su altura y, sin perder su dignidad, hace que de ella participen, con ternura, los que la miren. No tiene afán de gustar, y en cambio ansia que no se la ignore. Aquélla, empero, parece que se bastara a sí misma y no se ofrece, deseando en cambio que se la busque. Es demasiado sublime para hacerse muy sensual. . . Se diría que el divino vate intuyó ya esa gracia en las obras de arte, pues la representó en el símbolo del casamiento de Vulcano con la hermosa Aglaia, de tenues vestiduras.

Sería más fácil hablar que escribir acerca de la belleza de los dos sexos. Con todo, me parece que mi tesis puede ser aceptable para todos los países. En efecto, la demostración puede partir de los animales, entre los que, sin lugar a contradicción, los del sexo masculino son más hermosos que los del femenino. En cuanto a nosotros, los seres humanos, la experiencia nos ha enseñado que, en cualquier ciudad, hay más jóvenes hermosos que mujeres bellas. Por otra parte, nunca he visto entre las mujeres bellezas tan perfectas como entre los hombres. ¿Qué es lo que tendría de hermoso la mujer, que nosotros no tuviésemos? Porque hasta un busto hermoso es de poca duración, y la Naturaleza no lo ha hecho para la belleza, sino para criar a los hijos. Con tal intención, no puede mantenerse bello. En cambio, la belleza es propia de los hombres, aun en la vejez, y se puede decir de muchos ancianos que son hermosos.

Feliz aquel que conoce lo verdaderamente bello y es vidente en un país de ciegos. Quizás exagere al decir esto, porque se puede ser feliz sin ese conocimiento, pero no creo que se lo pueda ser sin esa sensación, por muy oscura que permanezca.

Ser vidente en un país de ciegos: es como si uno viviese en un país donde lo único importante fuera el saber, y donde sólo uno supiese aquello que no enseñan los libros.

Estoy verdaderamente apesadumbrado por la fugacidad de la belleza humana y por el rápido paso de la primavera de nuestra vida. Por ello se marcha con mayor seguridad y con ideas más firmes en el contacto con las bellezas marmóreas.

Comparado con los griegos, ningún otro pueblo colocó tan alto la belleza. Por eso, todas las personas bellas se basaban en ese privilegio para conocer a todo el pueblo y, en particular, trataban de ser agradables a los artistas, porque éstos conferían el premio a la belleza.

El aprecio general por la belleza llegaba hasta tal punto, que las mujeres espartanas colocaban la estatua de un Apolo o de un Baco, de un Narciso, un Jacinto o un

Cástor y Pólux en sus alcobas, para tener hijos bellos. Si hay un motivo, como dice un contemporáneo de Trajano, para que ya no se preste atención a la belleza masculina, en ese descuido habrá que buscar también la causa de la decadencia del arte.

Una estatua del vencedor, a su imagen y semejanza, colocada en el lugar más sagrado de Grecia, en Olimpia, expuesta a la vista y a la veneración de todo el pueblo, era un incentivo poderoso, no sólo para esculpirla, sino también para lograrla. Nunca hubo para los artistas, en pueblo alguno, tantas oportunidades de exponer su capacidad.

La juventud se educaba en las escuelas de la sabiduría y del arte. Platón aprendió a dibujar al mismo tiempo que se instruía en las ciencias superiores. Ello tendía a que la juventud llegase a un verdadero conocimiento y criterio acerca de lo bello.

Ello no obstante, ¿cómo ocurrió que se indagase tan poco en las causas del arte y de la belleza? La culpa de ello ha de buscarse en nuestra innata pereza, que no nos deja pensar por nosotros mismos, y en la sabiduría escolástica. Por una parte, las antiguas obras de arte se consideraban como belleza... pero esas antigüedades sólo servían de pretexto para exhibir erudición. Por otra parte, se nos condujo por un laberinto de agudezas y circunloquios metafísicos que, en fin, de cuentas, sólo sirvieron para escribir una enormidad de libros y para fatigar hasta la náusea a nuestro entendimiento. Por tales razones, las grandes verdades generales, que nos habrían llevado por floridos senderos a la indagación de lo bello y de allí a sus fuentes, se perdieron en vanas consideraciones.

Los conceptos de belleza se forman, en la mayoría de los artistas, de primeras impresiones, aún inmaduras, que sólo muy rara vez son debilitadas o eliminadas por la idea de una belleza superior, sobre todo si aquéllos viven alejados de las bellezas clásicas y, por lo tanto, no pueden perfeccionar sus sentidos. Porque con el dibujo sucede lo mismo que con la escritura: pocos niños, entre los que aprenden a escribir, son llevados a considerar la naturaleza de los rasgos, los juegos de luz y sombra que en ellos se producen y en los que reside la belleza de las letras; en cambio se les obliga a imitar un modelo, y la mano aprende a escribir antes de que el niño se fije en las causas de la belleza de las letras. Del mismo modo la mayoría de la gente joven aprende a dibujar. Y de la misma manera como los rasgos de la escritura no varían en la edad madura y conservan los caracteres que se formaron durante la juventud, así suelen forjarse, en la mente de los dibujantes, los conceptos de belleza de acuerdo con lo que su ojo se habituó a contemplar y a imitar. Tales conceptos suelen ser incorrectos, porque la mayoría dibuja según modelos imperfectos.

La belleza debe ser como el agua más perfecta, obtenida de lo hondo de una fuente y que, cuanto menos gusto tiene, tanto más saludable se considera, porque está *purificada de todo cuerpo extraño*.

Es propia de todas las edades, pero en grado distinto, como sucede con las *Horas*, las diosas de las estaciones del año. Es maravillosa aliada de la juventud, y por ello la máxima ambición del arte es reflejar esa juventud. En ella encontraron los artistas, más que en la edad madura, la belleza que nace de la unidad, de la multiplicidad y de la concordancia, puesto que las formas de una bella juventud se parecen en su unidad a la superficie del mar, que visto desde cierta distancia parece quieto como un espejo, aunque sepamos que jamás se aquieta el movimiento de sus olas. Pero así como el alma, que es un ente simple, es capaz de producir en un instante y simultáneamente muchos conceptos, del mismo modo los contornos del alma juvenil bella parecen simples y tienen, sin embargo, infinitas derivaciones a un mismo tiempo.

Mas la Naturaleza y la estructura de los más bellos cuerpos rara vez carecen de defectos, y tienen formas y partes que podrían ser hallados o imaginados más perfectos en otros cuerpos. De acuerdo con esta experiencia, los artistas obraron prudentemente, como el hábil jardinero que injerta gajos nobles en un tronco, o como la abeja que liba su miel en muchas flores. De esa manera, los conceptos de lo bello no permanecieron limitados a lo individual y singularmente bello, sino que los artistas procuraron reunir lo bello de muchos cuerpos bellos. Purificaron así sus visiones de toda inclinación personal.

El espíritu de seres que piensan racionalmente tiende por afán innato a elevarse por encima de la materia hacia la esfera de los conceptos, y su verdadera satisfacción está en engendrar ideas nuevas y más refinadas. Los grandes artistas griegos intentaban superar el obstáculo de la materia e infundirle vida. En ello se inspiró la fábula de la estatua de Pigmalión. De las manos de los artistas salieron los objetos de sacra veneración que, para despertar respeto, debían parecer representaciones de naturalezas superiores. Los fundadores de la religión, que también eran poetas, agregaron a tales representaciones conceptos más elevados, que dieron alas a la imaginación, para que su obra se elevase por encima de sí misma y por encima de lo sensible.

Tal como los antiguos habían subido gradualmente desde la belleza humana hasta la divina, así quedó establecida esa escala para lo bello. Al lado de los dioses encontramos los héroes y las heroínas de la fábula, y tanto éstas como aquéllos eran, para los artistas, modelos ideales de belleza. En sus héroes, es decir, en aquellos hombres a quienes la antigüedad otorgaba la máxima alcurnia de nuestra naturaleza humana, se acercaban hasta el límite de la divinidad, sin transgredir esa frontera y sin borrar la fina diferenciación. Las formas adquirían proporciones heroicas en los héroes y ciertas partes adquirían una sublimidad más bien grande que natural. Comunicaban a sus músculos acciones y efectos rápidos, de modo que, en sus actos de violencia, aquéllos ponían en movimiento todos los resortes de la naturaleza. Con esto perseguían la mayor multiplicidad posible, el ideal buscado. En el tronco de Hércules, los músculos son como ondas de un mar sereno, fluidamente grandes, y poseídos de un movimiento oscilante, suavemente alternado. En el Apolo, la representación del dios más bello, los músculos son suaves, como soplados en un cristal fundido en ondas apenas visibles, y se revelan más al sentimiento que a la vista.

Los artistas antiguos se acercaban al ideal en las representaciones de las cabezas de determinadas personas, siempre que ello pudiese suceder sin desmedro del parecido. En tales cabezas se puede observar con cuánta sabiduría ciertos detalles, que no contribuyen al parecido, han sido pasados por alto. No se han señalado muchas arrugas, aun cuando de acuerdo con la edad tendrían que haber existido; allí, en cambio, donde nada quitan a la idea de la belleza, han sido expresadas, como, por ejemplo, entre el mentón y el cuello. Se observa aquí la tendencia a aumentar en lo posible lo bueno, mientras se disimula o se esconde lo malo.

Además del conocimiento de la belleza, es necesario tener en cuenta, en el artista, la expresión y el gesto, puesto que una figura puede aparecer bella por el gesto, y en cambio no ser nunca juzgada como tal a causa de alguna deficiencia en ese gesto.

La expresión altera los rasgos del rostro y la actitud del cuerpo, o sea las formas que constituyen la belleza. Y cuanto más grande es esa alteración, tanto más perjudicial es para la belleza... Por ello la calma es, como para el mar, el estado más propicio para la belleza, y la experiencia nos demuestra que los seres más bellos son de naturaleza apacible y moderada. Por otra parte, el concepto de una belleza elevada sólo puede nacer en una quieta consideración del alma, abstraída de todo lo singular... También aquí se manifiesta la gran teoría de Empédocles sobre la disputa y la amistad, por cuyo efecto recíproco las cosas de este mundo llegaron a su estado actual. Podría decirse que la belleza, sin expresión, sería insignificante, y la expresión desagradable sin la belleza, pero por la unión de ambas cualidades opuestas se forma lo convincentemente bello, capaz de conmovernos con su elocuencia.

Puesto que los artistas deben elegir lo más bello en las conformaciones más bellas, se ven limitados a cierto grado de expresión de la pasión. Esta consideración queda demostrada al contemplar dos de las más bellas obras de la antigüedad, de las cuales una representa una imagen del temor a la muerte, y la otra el máximo sufrimiento y dolor.

Un estado semejante, en que cesan la sensación y la reflexión y que se acerca casi igual a la indiferencia, no altera los rasgos de la figura, y el gran artista pudo plasmar aquí la belleza más elevada tal como la plasmó. Níobe y sus hijas son y siguen siendo las más altas ideas de ello. Laocoonte es la representación del más hondo dolor. Pero aparece como el espíritu, puesto a prueba, de un grande hombre, que se debate con la desdicha y que quiere contener y reprimir la explosión de sus sentimientos.

Muchos artistas muestran habilidad en la proporción, pero pocos han producido belleza, porque aquí el espíritu y el sentimiento deben trabajar más que la cabeza.

En cuanto a la serenidad que revela la composición de los artistas antiguos, digamos que en sus obras jamás aparece un conjunto, en el que todo el mundo parecería querer hablar al mismo tiempo, o una multitud de gente –como en un agolpamiento repentino, donde uno parece haberse subido encima del otro. En cambio, sus cuadros parecen reuniones de   personas que respetan y exigen respeto. Sabían muy bien lo que nosotros denominamos *agrupar*.

El escultor ha de trabajar con medida y compás, el pintor, en cambio, debe tener la medida en los ojos.

En lo artificioso suele perderse lo bueno, precisamente porque siempre se persigue lo mejor.

Pasa, empero, con el arte lo mismo que con el hombre: cuando los deseos empiezan a morir en él, y aumenta el placer de la charla, entonces las pequeñeces vienen a ocupar el lugar de las grandezas caídas.

En todas sus figuras, los griegos observaban la misma regla, que hay que tener en cuenta al representar las estaciones del año: cada una de ellas, ya sea su imagen la de una persona joven o vieja, debe ser a su manera bella y graciosa. Este afán de representar bellamente todas las edades del hombre, así como es hermoso todo el año desde la primavera hasta el otoño, no sólo se evidenciaba en los artistas griegos en la totalidad de cada una de sus obras, sino también en cada parte de ellas. Puede decirse, por ello, que siempre procedían mesuradamente, yendo de lo general a lo particular, así como la Naturaleza, que va del tronco del árbol a las ramas.

El único camino que tenemos para llegar a ser grandes, y quizás inimitables, es la imitación de lo antiguo; lo que alguien ha dicho de Homero, que quien haya aprendido a comprenderlo lo admira, también es válido para las obras de arte de los antiguos, en particular las de los griegos. Es necesario haberse familiarizado con ellas, como con un amigo, para descubrir que el Laocoonte es tan inimitable como Homero. Después de semejante trato familiar, uno opinará lo que decía Nicómaco de la Helena de Zeuxis: "Toma mis ojos –dijo a un ignorante que pretendía hallar defectos en el cuadro– y será una diosa para ti". Con esos ojos estudiaron Miguel Ángel, Rafael y Poussin las obras de los antiguos. En esa fuente abrevaron su buen gusto.

Los conocedores e imitadores del arte griego no solamente encuentran en sus obras maestras la naturaleza más bella, sino algo más que la naturaleza, es decir, ciertas bellezas ideales que, como nos lo enseña un comentador de Platón, nacieron de imágenes concebidas puramente en el intelecto.

La ley de hacer a las personas "parecidas, pero al mismo tiempo más hermosas" fue reconocida siempre como norma suprema por los artistas griegos, y presupone necesariamente la tendencia del maestro hacia una naturaleza más bella y más perfecta.

La belleza sensible dio al artista la naturaleza bella, la belleza ideal le enseñó los rasgos sublimes. De aquélla tomó lo humano, de ésta lo divino.

No se puede ir más allá de la verosimilitud. Esta verosimilitud merece, empero, la atención de nuestros artistas y conocedores del arte, y esto tanto más cuanto que es necesario liberar la veneración por los monumentos griegos de un prejuicio que muchos le atribuyen, a fin de que no parezca que la imitación de aquéllos sólo es meritoria a causa de la carcomida pátina del tiempo.

Bernini pretendió negar a los griegos el derecho a reflejar en parte una naturaleza más bella, y en parte a conferir a sus figuras una belleza ideal. Además, era su opinión que la naturaleza sabe dar a todas sus criaturas la belleza que necesitan: el arte consiste en encontrarla. Se vanaglorió de haberse liberado de un prejuicio que había concebido al principio con respecto a la Venus de Medid, pero cuya incorrección había notado después de una laboriosa penetración en la naturaleza. De manera que fue la Venus la que le enseñó a descubrir en la naturaleza bellezas que antes sólo había creído posibles en la estatua, y que sin la Venus ni habría buscado allí. Por lo tanto, el estudio de la naturaleza, para llegar al conocimiento de lo perfectamente bello, debe ser un camino más largo y penoso que el estudio de lo antiguo. Y sin duda Bernini no habría mostrado a los artistas más jóvenes, a quienes llamaba preferentemente la atención respecto de lo sublime en la naturaleza, el camino más corto.

La imitación de los antiguos puede enseñarnos a llegar rápidamente a la inteligencia, porque se encuentra en ellos la esencia de aquello que está repartido por toda la naturaleza, y porque permiten apreciar hasta qué punto la naturaleza más bella se puede elevar audaz pero sabiamente por encima de sí misma. Nos enseñará a pensar y a proyectar con seguridad, al señalarnos los últimos límites de lo humanamente y al mismo tiempo de lo divinamente bello. Cuando el artista construye sobre semejante terreno y permite que la regla griega de la belleza guíe su mano y sus sentidos, está en el camino que lo llevará con seguridad a la imitación de la naturaleza. Los conceptos de lo total, de lo perfecto en la naturaleza de la edad antigua, purificarán en él los conceptos de lo fragmentario de nuestra naturaleza. Cuando descubra las bellezas de esta última, estará en condiciones de unirlas con lo perfectamente bello, y con ayuda de las formas sublimes que siempre ha de tener presente, podrá formarse una regla propia. Almas, a quienes la naturaleza ha favorecido,

"...quibus arte benigna
et meliore luto pinxit praecordia Titan" [Juvenal, XIV, 35.]

tienen abierto de esa manera el camino para volverse originales.

La exactitud de los contornos sólo puede aprenderse en los griegos. El contorno más noble une o resume todas las partes de la naturaleza más bella y de las bellezas ideales, en las figuras de los griegos, o es mejor dicho el concepto más elevado en ambas... La línea que separa la plenitud de la naturaleza de lo superfluo es apenas perceptible, y muchos de los grandes maestros modernos han descuidado ese límite no siempre tangible, en una u otra dirección. Aquel que quiso evitar un contorno demasiado escueto, cayó en lo sobrecargado, y quien deseó evitar esto, en lo magro. Miguel Ángel es quizá el único de quien pueda decirse que llegó a la altura de la antigüedad, y aun esto sólo en las figuras fuertes y musculosas en cuerpos de la época heroica.

La característica general y principal de las obras maestras griegas es una noble sencillez y una silenciosa grandeza, tanto en la actitud como en la expresión. Así como en las profundidades el mar está siempre en calma por mucho que se agite la superficie, del mismo modo la expresión en las figuras de los griegos muestra, pese a todas las pasiones, un alma grande y asentada. Eso trasunta el rostro de Laocoonte –y no sólo el de éste– en medio del más violento dolor. El sufrimiento, que aparece en todos los músculos y fibras del cuerpo, y que en el bajo vientre contraído se experimenta tan intensamente que uno mismo parece sentirlo, no se exterioriza sin embargo mediante ira alguna en el rostro y en toda la actitud. No lanza un aullido terrible, tal como Virgilio lo cantó en su Laocoonte. La abertura de la boca no lo permitiría. Más bien parece un suspiro angustiado, como lo describe Sadolet. El dolor del cuerpo y la grandeza del alma han sido distribuidos con igual fuerza a través de toda la composición de la figura, y en cierta medida han sido equilibrados. Laocoonte sufre, pero sufre como el Filoctetes de Sófocles: su dolor nos toca el alma, pero desearíamos poder soportar ese dolor con la grandeza de ese hombre.

La expresión de un alma grande va mucho más allá de la plasmación de una bella naturaleza. El artista debe sentir en sí mismo la fuerza del espíritu que infunde a sus obras. En Grecia la sabiduría tendía la mano al arte, e insuflaba a las figuras almas más que comunes.

Cuanto más serena es la posición del cuerpo, tanto más indicada es para describir el verdadero carácter del alma: en cualquier otra posición, que se aparte demasiado del estado de quietud, el alma se encuentra en un estado que no es el suyo propio y natural, sino violento e impuesto. En pasiones violentas, el alma se torna más reconocible y característica, pero tan sólo es grande y noble en el estado de la unidad, en el de la calma... Pero en esa quietud el alma debe caracterizarse por los rasgos que le son propios y que no corresponden a ninguna otra alma, a fin de que esté quieta pero, al mismo tiempo, produzca su efecto, serena, mas no por ello indiferente o adormilada.

Las bellas artes tienen su juventud igual que las personas, y el comienzo de esas artes parece haber sido similar al de los artistas, cuando sólo gustan de lo ampuloso y lo que asombra. Así se nos presenta la musa trágica de Esquilo, y su Agamenón es mucho más oscuro que cuanto escribió Heráclito. Quizás los primeros pintores griegos no hayan pintado de otra manera que la que hallamos en su primer poeta trágico. Lo violento y fugaz ocupan la vanguardia de todas las acciones humanas, lo cuerdo y escrupuloso sigue detrás. Mas esto último requiere tiempo, para ser admirado. Sólo grandes maestros lo logran. Las pasiones violentas, en cambio, hasta son una ventaja para sus discípulos.

Lo bello en el arte se basa más en un fino sentido y en un gusto depurado que en meditaciones profundas.

El estudio de la naturaleza, del cual se ocupó Bernini en sus años de madurez, parece haber apartado a este artista de la forma bella. Lo cierto es que no pudo utilizarse su estatua ecuestre del rey Luis XIV. Después se hizo de ella un Curtius que se arroja a la ciénaga. La más prolija observación de la naturaleza no debe bastar, por lo tanto, para lograr el concepto más perfecto de la belleza, así como un estudio de la anatomía no nos puede enseñar por sí solo las relaciones más bellas del cuerpo.

Pitágoras mira el Sol con otros ojos que Anaxágoras: aquél lo ve como un dios, éste como una piedra, tal como dice un filósofo antiguo. Es posible que el bisoño en el arte sea Anaxágoras, y el conocedor preferirá tomar partido en favor de Pitágoras. Sin la contemplación de la sublime expresión de los rostros de Rafael, la experiencia misma no puede enseñar la verdad y la belleza. Un rostro bello gusta, pero atraerá más aún si contiene algo serio, a causa de una fisonomía meditativa. Así parece haber juzgado la edad antigua. Los artistas expusieron esa fisonomía en todas las cabezas de Antínoo. Sábese, además, que lo que gusta de primera intención, luego puede dejar de gustar. Lo que pudo haber atraído una mirada fugaz, es analizado por un ojo más observador, y todos los afeites se esfuman. En cambio, una belleza seria nunca dejará que nos alejemos hartos y satisfechos de su lado, puesto que siempre creeremos descubrir en ella nuevos encantos. Así son las bellezas de Rafael y de los maestros antiguos: ni juguetonas ni amables, pero bien conformadas y plenas de una belleza sincera y primigenia.

Lo más difícil en todas las obras de arte es lograr que todo lo que haya sido muy trabajado no parezca muy trabajado.

Artistas malos, que no alcanzan lo bello por debilidad, lo buscan en verrugas y arrugas.

Nuestro entendimiento tiene la mala costumbre de prestar atención sólo a aquello que no se le revela al primer vistazo, y a pasar en cambio por alto con indiferencia aquello que le resulta tan claro como el sol. Sólo por esta razón, las impresiones de nuestra niñez son las más duraderas, puesto que en aquella época contemplábamos como extraordinarias todas las cosas que nos ocurrían. La naturaleza misma nos enseña, pues no se conmueve por factores vulgares. En ese sentido el arte debe imitar a la naturaleza, y debe hallar lo que aquélla exige.

Los antiguos solían hacer estatuas de sátiros feos, que estaban huecas. Cuando se las abría, mostraban dentro figurillas de las Gracias. ¿No se nos quería enseñar con ello que no se debe juzgar por la apariencia externa, y que cuanto la figura no posee por sus propios medios deberá reemplazarse con inteligencia?

Contrapongo al pensar propio el remedio, no la imitación. Por aquél entiendo un sometimiento servil; en ésta, en cambio, lo imitado puede adquirir una segunda naturaleza y tornarse algo propio. Domenichino tomó como modelos las cabezas del llamado *Alejandro* de Florencia y de la *Níobe*. En sus figuras se las reconoce, pero no obstante no son las mismas. En piedras y monedas se encuentran muchos modelos de las telas de Poussin. Pero son en él como una flor trasplantada, que se muestra distinta de lo que fue en su lugar de origen.

La gracia es lo que agrada a la razón. Es un concepto de amplia extensión, puesto que se refiere a todas las acciones. La gracia es un don del cielo, pero no como lo es la belleza. Se forma por la educación y la meditación y puede convertirse en naturaleza. Está lejos de toda violencia y de un ingenio rebuscado; pero requiere aplicación y atención, para lograr que, en todos sus actos, alcance la naturaleza el grado 'justo de levedad. Se explaya en la sencillez y en la tranquilidad del espíritu... Las acciones y los hechos de todos los hombres se vuelven agradables por la gracia, que en un cuerpo bello gobierna con gran poder. De ella estaba dotado Jenofonte, mas no la buscó Tucídides. Miguel Ángel no la logró; en cambio fluyó sobre casi todas las obras de arte de la edad antigua, y se la reconoce hasta en las mediocres.

En la *Escuela de Atenas* de Rafael, Platón sólo mueve un dedo, y sin embargo dice lo suficiente... Así como es más difícil decir mucho con poco, y no lo contrario, y así como el verdadero entendimiento prefiere lograr su efecto con poco antes que con mucho, también en una sola figura puede desplegarse todo el arte de un maestro.

Esto nos lo enseñan las obras de los antiguos, y se habrían compuesto o plasmado obras parecidas, si sus libros y obras plásticas fuesen más leídos y contemplados.

En los gestos de las figuras antiguas la alegría no estalla en risa, sino que sólo muestra el regocijo de la serenidad interior; hasta en el rostro de una bacante sólo relampaguea la aurora de la lujuria. Los edificios y obras públicas, que deben ser de larga duración, requieren ornamentos de una moda más duradera que la de las vestimentas. Por lo tanto, deben ser como los que durante muchos siglos se hayan mantenido y se mantengan incólumes en el aprecio de la generalidad, o que hayan sido confeccionados de acuerdo con las reglas y el gusto de la edad antigua. Podría suceder, de lo contrario, que esos ornamentos quedaran fuera de moda y envejecieran aún antes de que esté terminada la obra a la que se destinan.

Un edificio sin adornes es como la salud en la miseria, que no basta para hacer feliz a nadie. Lo monótono puede volverse, tanto en la arquitectura como en la literatura y en las obras de arte, reprensible. La ornamentación tiene su razón de ser en la multiplicidad. En escritos y en edificios sirve de solaz al espíritu y a la vista; y cuando, en la arquitectura, la ornamentación se une a la sencillez, se engendra la belleza. Porque una cosa es buena y hermosa cuando es como debe ser. Por ello los adornos en las construcciones deben estar de acuerdo con su finalidad general y particular: deben ser considerados como la vestimenta, destinada a cubrir la desnudez; y cuanto más grande sea la disposición de un edificio, tanto menos exigirá adornos. Así como una piedra preciosa sólo tendría que ser engastada apenas en un hilo de oro, a fin de que sola pueda mostrarse en todo su esplendor.

En el plano de los adornos, entre los antiguos, siempre dominaba lo sencillo. Entre los modernos, que no siguen a les antiguos, sucede exactamente lo contrario. Aquéllos buscaban la unidad en los adornos, que debían pertenecer, en calidad de ramas, a un tronco; éstos en cambio caen en lo extravagante y, a veces, no se encuentra ni el comienzo ni el fin.

La estatua de un dios debe ser algo ideal. En lo que se refiere al cuerpo, debe estar libre de todo aquello que exige la penuria de la debilidad humana, puesto que ha de insuflársele un espíritu etéreo y vivificante que, libre de cualquier sujeción a la variabilidad, se difunda por todas las partes en igual proporción. Ese espíritu plasma, en verdad, la figura misma, cuyo contorno parece ser sólo un recipiente de tal espíritu. De acuerdo con semejante alta concepción esculpían los antiguos.

La capacidad de captar lo bello en el arte es un concepto que abarca, al mismo tiempo, la persona y la cosa, el continente y el contenido... Lo bello es de contenido más amplio que la belleza. Ésta, en verdad, es tema de la cultura, y es la intención suprema del arte. Lo bello, en cambio, se extiende a todo lo que es pensado, proyectado o elaborado.

Entre Homero y sus mejores traducciones no hay otra diferencia que la que existe entre las obras de los antiguos, o de Rafael, y sus respectivas reproducciones. Éstas son cuadros muertes y aquéllas hablan. Por lo tanto, el verdadero y total conocimiento de lo bello en el arte sólo puede ser alcanzado mediante la contemplación de los originales mismos.

El arte, como imitador de la naturaleza, ha de buscar siempre lo natural para plasmar la belleza, y ha de evitar, en lo posible, todo lo violento, puesto que la misma belleza en la vida disgusta, si cae en gestos carentes de naturalidad.

Si se quiere unir, en el arte, la enseñanza con lo delectable, tendrá vigencia lo que dijo aquel espartano, o sea que la enseñanza consiste en hacer que lo bueno resulte agradable al niño. Porque, así como el ojo se aparta de los colores violentos y se deleita con el verdor, algo similar sucede con el entendimiento. El arte, a su vez, es distinto en sus cuadros de la poesía, y no puede ejecutar con ventaja las imágenes terriblemente hermosas que ésta pinta. La iracunda necesidad de Horacio, de ser llevada a lo plástico, haría que apartásemos de ella la vista, y la discordia poética de Petronio, o las Gorgonas de Esquilo no pueden aparecer en pintura.

Se evitará escribir muy mal, si se anota en los escritos clásicos aquello que uno desearía que los antiguos hubiesen o no escrito. Además, se logrará esto al pensar uno por sí mismo, y no dejando que otros piensen por uno. Finalmente, conviene imaginarse que se está hablando públicamente frente a todo el mundo, y considerar que todos los lectores no son hostiles; en lo posible, es mejor no escribir nada que no pueda ser tenido por digno de la posteridad. Esto último es muy difícil de cumplir, lo primero en cambio está al alcance de todos.

Al escribir sigo la regla de no decir con dos palabras lo que se puede decir con una sola.

En el arte nada es pequeño, así como no hay nada pequeño en un insecto, siempre que se lo mire de acuerdo con su finalidad.

Posiblemente la evolución del arte haya sido la siguiente: primeramente se buscó la forma en sí, luego las proporciones, después la luz y la sombra, seguidamente la belleza de la forma, en seguida el colorido, más tarde la gracia y finalmente la plenitud de las vestiduras.

Los griegos plasmaban su belleza de acuerdo con la naturaleza. Ésta formaría –de acuerdo con la finalidad que le dio el Creador, que tiende hacia lo mejor y lo más perfecto– seres humanos bellos, si pudiese forjar a los embriones dentro de la madre sin la intervención de ningún azar violento y sin la interferencia de pasiones fuertes. Respondiendo a tal intención, los grandes artistas intentaban representar las cabezas y cuerpos de sus dioses y héroes libres de toda sensibilidad y lejos de toda convulsión interna, en equilibrio de sentimientos y con un alma pacífica y ecuánime.

Las artes que dependen del dibujo comenzaron, como todos los inventos, con lo más necesario. Después se buscó lo bello y, finalmente, lo superfluo. Éstas son las tres etapas principales del arte. Las noticias más antiguas al respecto nos enseñan que las primeras figuras representaban al hombre tal como era: sus contornos, y no su aspecto. Eso era lo indispensablemente necesario. De la simplicidad de la figura se pasó al estudio de las relaciones, con lo que la grandeza se insinuó en el arte, y finalmente se llegó de manera gradual a la belleza suprema. Después de que todas sus partes estuvieron unidas, se pensó en adornarla, y se cayó en lo superfluo y artificioso, y esto se siguió haciendo en tal medida, que la grandeza del arte se perdió bajo los adornos y el arte mismo, finalmente, cayó en el olvido.

Buscad en vuestras obras la noble simplicidad de contornos y de vestimentas y, a falta de una cabeza de Níobe, imaginaos una cabeza cuyos contornos hubiera trazado rápida pero correctamente Rafael, con un solo trazo inmejorable de su pluma. Así se trabajaron aquellas cabezas, que no están hechas, sino que más bien parecen haber sido engendradas por el aliento, mas por el aliento de Palas, tal como insuflaba vida en los seres humanos de Prometeo. Rehuid la pedantería de insinuar muchas cosas y no tratéis de ser excesivamente sabios. Engendrad belleza griega bajo un cielo címbrico y, en lo posible, elevadla por encima de todo sentimiento que pudiera alterar los rasgos de belleza. Que esté, como la sabiduría engendrada por Dios, sumida en el goce de la bienaventuranza, y que suaves alas la exalten a la divina serenidad.

La contemplación de lo bello es el alma de todo el conocimiento del arte en la Antigüedad. Por cierto que el cielo no la ha esparcido muy generosamente, y es tan rara, que Miguel Ángel se detuvo en la contemplación, sin llegar al conocimiento pleno. Rafael se ha acercado más a compenetrarse de lo bello.

Mi estancia de varios años en Roma, la continua lectura de los clásicos antiguos, el libre acceso a todo lo que hubiera deseado ver, me han colocado en situación de poder apreciar más la belleza y con mayor agudeza, que los artistas mismos, aun cuando sean inteligentes. ¡Cuántas cosas magníficas he podido descubrir en este terreno y cuántas encuentro a diario! El placer que siento al contemplar monumentos de arte recién descubiertos, es el más puro y sublime que conozco, y ningún otro placer en el mundo lo supera... No ambiciono nada y quien, como yo, no tiene nada que temer ni que desear, es más libre y vive mejor que un rey. *Rex est qui metuit nihil. Rex est quique cupit nihil: hoc regnum sihi quisque dat.*

Los vasos etruscos representan –así como los insectos más pequeños constituyen un milagro de la naturaleza– lo maravilloso en el arte y en la manera de los antiguos. Así también los primeros esbozos hechos por Rafael, el contorno de una cabeza y hasta de toda una figura, dibujados con un solo trazo de la pluma, revelan el maestro al conocedor, y no podrían hacerlo mejor los dibujos más perfectos. De la misma manera, la gran solidez y la fe de los artistas antiguos aparece más en los vasos que en cualquier otra obra de arte. Una colección de tales vasos es un tesoro de dibujos.

Por medio de la libertad emergió el pensamiento de todo el pueblo, como una rama emerge de un tronco sano. Porque, así como el espíritu de una persona acostumbrada a pensar se eleva más en pleno campo, o en medio de un paseo, o en la cúspide de un edificio, que en una en una buhardilla estrecha o en cualquier otro lugar limitado, así el modo de pensar de los griegos libres debe haberse diferenciado en gran medida de los conceptos de los pueblos sometidos.

Miguel Ángel es, frente a Rafael, lo que Tucídides frente a Jenofonte. Bernini emprendió el mismo camino que había conducido a Miguel Ángel a parajes sin senderos y a cúspides abruptas, y que en cambio lo llevó a él a ciénagas y pantanos. Porque él trató de ennoblecer, mediante la exageración, las formas tomadas de la naturaleza más baja. Sus figuras parecen populacho sorpresivamente enriquecido; su expresión contradice a menudo el argumento interno como un Aníbal que se echa a reír en medio de su mayor congoja.

Al conformar los rasgos del Redentor, los artistas modernos tendrían que haberse dejado guiar por los conceptos antiguos en cuanto a la belleza de los héroes. De esa manera habrían hecho honor a la profecía que lo había anticipado como el más bello de los hombres. Lo que se hizo empero en la mayoría de tales cuadros, comenzando con el propio Miguel Ángel, fue adoptar las ideas de las obras bárbaras de la Edad Media, de modo que sería difícil imaginar algo menos noble que los rostros de tales cabezas de Cristo. Rafael se había distanciado noblemente de semejante concepción, como lo demuestra un pequeño dibujo que se halla en el Museo Real de Nápoles, y que representa el entierro del Redentor. La cabeza de éste exhibe la belleza imberbe de un joven héroe. En realidad, sólo Aníbal Carracci logró imitarlo. También él representó al Redentor como héroe joven, sin barba, y siguió el modelo de las antiguas cabezas de héroes, para plasmar de acuerdo con ellas la cabeza del hombre más bello. Mas, si tal imagen, por la falta de barba, pareciera una innovación escandalosa, contémplese entonces la figura del Redentor debida a la mano de Leonardo da Vinci. Porque en esta imagen, con o sin barba, hay una expresión de suprema belleza masculina.

No intentes descubrir los defectos y lo imperfecto en las obras de arte, antes de haber aprendido a conocer y a encontrar lo bello. Los más ignoran lo bello, proceden como los escolares, a quienes sobra, sin excepción, ingenio para descubrir los defectos del maestrescuela.

No es aconsejable aceptar la opinión de los artesanos, que suelen preferir lo difícil a lo bello... Por culpa de tan erróneo concepto, el arte ha sufrido más de un perjuicio, y en tiempos recientes lo bello ha sido desterrado virtualmente del arte, a causa de semejante concepción. Porque, por culpa de artistas pedestres y carentes de sensibilidad, que en parte no captan lo bello, y en parte son incapaces de forjarlo, han aparecido las frecuentes y exageradas abreviaciones, sobre todo en la pintura de cielorrasos y bóvedas, de modo que se atribuye a poca habilidad del artista el que no refleje todas sus figuras tal como aparecen vistas desde abajo.

Cuando en Grecia se llegó a la época de total esclarecimiento y de completa libertad, también las artes se hicieron más libres y sublimes. El estilo más antiguo se basaba en un sistema de reglas que habían sido tomadas de la naturaleza, pero que luego se habían alejado de ésta para transformarse en un ideal. Se trabajaba más de acuerdo con la naturaleza misma, porque el arte se había formado una naturaleza propia. Por encima de tal sistema se elevaron los perfeccionadores del arte, y se acercaron a la verdad de la naturaleza. De esa manera alcanzaron fama Fidias, Polícleto, Scopas, Alcmeón, Mirón y otros maestros. Su estilo puede denominarse *grandioso*, porque, además de belleza, la intención del artista pretendía lo magnífico.

Al estilo de sus sucesores doy el nombre de estilo bello. Comienza con Praxíteles y alcanza su máximo esplendor con Lisipo y Apeles. La característica principal que distingue a este estilo del elevado, o grande, es la gracia, y en ese sentido los artistas mencionados deben haber ocupado con respecto a los anteriores la posición que podría ocupar un Guido Reni frente a Rafael. Los grandes maestros del estilo elevado habían buscado la belleza más bien en una armonía de las partes, y en una expresión sublime, y más lo verdaderamente bello que lo amable. Mas como sólo hay un concepto único de lo bello y éste siempre es el mismo, sus imágenes debieron haberse acercado constantemente a ese concepto único, y deben haber sido parecidas y similares entre sí. Por esta causa, las cabezas de Níobe y de sus hijas se parecen, y apenas se distinguen veladamente por la diferencia de edades y el grado de su belleza.

El arte nació junto con conceptos severos de la belleza. Y las imágenes correspondían a las sencillas costumbres de los hombres de esa época. Los sucesores de los grandes legisladores del arte trataron de conducir de retorno a lo natural aquellas elevadas bellezas que en las estatuas de sus maestros parecían ideas abstraídas de la naturaleza, y formas forjadas de acuerdo con un cúmulo de teorías. De esa manera, el arte adquirió mayor multiplicidad. En este sentido hay que interpretar la gracia que los maestros del estilo bello supieron poner en sus obras.

Para quien tiene sensibilidad, la primera contemplación de estatuas bellas es como la primera mirada que echamos al mar abierto, en el que nuestra vista se pierde y se confunde; pero, al contemplar reiteradamente, el espíritu se tranquiliza, el ojo recupera su serenidad y se concentra íntegramente en los detalles.

Sólo nos resta una esbozada silueta de la imagen que se propusieron nuestras aspiraciones; pero mucho mayor es el ansia por el bien perdido que esa silueta despierta en nosotros, y contemplamos las copias de aquellas imágenes arquetípicas con atención mucho mayor de la que les concederíamos en caso de poseerlas aún. Con la Antigüedad nos ocurre lo que a cierta gente, que desea ver fantasmas y cree ver algo donde no hay nada: el nombre "Antigüedad" se ha convertido para nosotros en un prejuicio. Pero ni siquiera como prejuicio carece de utilidad.

La noble simplicidad y quieta grandeza de las estatuas griegas es también la verdadera característica de los escritos griegos de la mejor época, de les escritos de la escuela de Sócrates; y son estas características las que constituyen la principal grandeza de un Rafael, a la cual ha llegado mediante la imitación de los antiguos. Un alma tan bella como la suya, en un cuerpo tan bello, estaba llamada a ser la primera que sintiera en épocas modernas el carácter verdadero de los antiguos, y fue su mayor fortuna que lo sintiera a una edad en la que los espíritus vulgares y semiformados carecen de toda sensibilidad para la verdadera grandeza. Para acercarse a sus obras es necesario tener un ojo capacitado para captar tales bellezas.

Ved a la Virgen con un rostro lleno de inocencia y al mismo tiempo una grandeza más que femenina, en una posición beatamente pacífica, en aquella quietud que los antiguos dejaban imperar en las imágenes de sus dioses. ¡Cuán grande y noble es todo su contorno! El niño en sus brazos es un niño que se eleva por encima de los demás niños, merced a su rostro, que irradia la luz de la divinidad a través de la inocencia de la infancia.

Las vidas de los santos, las fábulas y las metamorfosis de Ovidio son el eterno y casi único modelo de los pintores desde hace algunos siglos. Se las ha variado y modificado artificiosamente de mil maneras distintas, de modo que finalmente deben hartar y dar náuseas tanto al sabio en materia de arte como al simple conocedor. Un artista que tiene un alma que ha aprendido a pensar, trata de distinguirse como poeta y de traducir figuras mediante imágenes, es decir, alegóricamente. La pintura se extiende a objetos que no son sensibles. Esta es su meta suprema, y los griegos se esforzaron por alcanzarla. Parrasio, un pintor, logró expresar, según es fama, el carácter de todo un pueblo. Representó a los atenienses tal como eran, benévolos y al mismo tiempo crueles, frívolos sin dejar de ser tercos, valientes y no obstante cobardes. Si semejante representación es posible, sólo lo es mediante la alegoría, por medio de imágenes que entrañen conceptos universales.

Acerca del arte de su época

El horror al espacio vacío hace que las paredes se llenen; y son pinturas vacías de pensamientos las destinadas a reemplazar ese vacío. Por este motivo el artista, a falta de imágenes alegóricas, busca a menudo modelos que, lejos de honrar a aquel a quien dedica su arte, parecerían burlarse de él; y quizá, para evitar esto, se le pide prudentemente al pintor que pinte cuadros que no signifiquen nada.

Todas las artes tienen una doble finalidad: deben servir para solazar y al mismo tiempo para instruir. Por ello, muchos de los más grandes paisajistas creyeron que, si hubiesen dejado a sus paisajes sin ninguna clase de figuras, sólo habrían cumplido con la mitad de su misión de artistas. El pincel, que guía la mano del artista, debe estar empapado de inteligencia. Más allá de lo que ofrece a la vista, debe dejar razones para pensar.

Nuestra comprensión, a veces, no nos conduce a ciertas cosas que espontáneamente deberían ocurrírsenos.

El primer invento de un arte se relaciona con el buen gusto contenido en él como la simiente con la fruta.

Donde se pretende ofrecer una instrucción general, ésta debe ser comprensible para todos. Los platos deben prepararse más bien según el paladar de los comensales, que según el de los cocineros.

Se me ocurre que, a partir del idioma de los griegos, también es posible deducir su conformación física. En cada pueblo, la naturaleza forma los instrumentos de su lenguaje de acuerdo con la influencia del cielo en sus países. Bajo un cielo tempestuoso se forman sonidos rudos, y las partes del cuerpo que se emplean para ello no pueden haber sido las más delicadas. . . Si la naturaleza procede en toda la conformación del cuerpo como en el caso de los instrumentos de la fonación, puede suponerse que los griegos eran de contextura muy fina; nervios y músculos deben haber sido sensiblemente elásticos, para estimular los movimientos más flexibles del cuerpo. En todas sus acciones se manifestaba, por lo tanto, cierta diestra y sutil gracilidad, acompañada por una índole vivaz y amable. No puedo ni quiero sostener que todos los griegos hayan sido igualmente hermosos; con todo, es asombroso el hecho de que, en aquellas comarcas donde más florecieron las artes, también fueron engendrados los seres más bellos.

Rubens creó de acuerdo con la inagotable fecundidad de su espíritu, tal como lo hizo Homero; es rico hasta el derroche. Buscó, como el poeta, lo maravilloso, sobre todo en lo que se refiere a la luz y la sombra. Colocó sus figuras en una luz distribuida de una manera que, antes de él, era desconocida, y esas luces, concentradas en la masa principal, son más fuertes que las de la naturaleza misma, con lo cual logró espiritualizar sus obras, poner en ellas algo fuera de lo común.

Todas las diversiones, incluyendo a aquellas que roban a la mayoría de los hombres ese tesoro que menos reconocen, el tiempo, se hacen perdurables y evitan en nosotros el hartazgo y la náusea, en la medida en que ocupan nuestra inteligencia. Sólo las percepciones sensibles no pasan de la epidermis y tienen poco efecto sobre la comprensión.

Homero convirtió a los hombres en dioses, dijo Cicerón. Esto significa que no solamente persiguió una verdad más alta, sino también que prefirió lo imposible, aunque verosímil, a lo meramente posible.

Era propio de la nación griega el caracterizar todas sus obras con un modo de ser franco y con cierto carácter alegre: las musas no gustan de horrorosos espectros. En ninguno de los monumentos griegos se observa una representación terrible: evitaban esto más aún que ciertas palabras de las llamadas infaustas. La imagen de la muerte (como un esqueleto) sólo aparece una vez en una piedra antigua, pero aún allí en la forma como solía presentársela en los banquetes, con el fin de invitar al goce placentero recordando la brevedad de la vida: el artista ha hecho que la muerte baile al son de la flauta.

El pulimento en la terminación de una obra es como el cutis fino en el rostro: por sí mismo no hace la belleza.

La consideración fundamental acerca de todos los enseres debe referirse a su gracia, en la cual todos nuestros artistas han quedado a la zaga de los antiguos. Todas las formas de éstos se inspiran en principios del buen gusto, y se parecen a un hermoso mancebo, en cuyos gestos –sin que él lo desee ni lo piense– se forja la gracia. Ésta se extiende, en el caso de las obras griegas, hasta las asas de las ánforas. Su imitación podría dar lugar a la creación de un gusto completamente distinto, y podría hacernos apartar de lo artificioso y retornar a la naturaleza. La belleza de los vasos nace de la suave ondulación de sus líneas, que aquí, como sucede en cuerpos juveniles hermosos, tienen más bien aspecto de estar en proceso de crecimiento que terminados, a fin que nuestra mirada no quede como acorralada en sus límites y prisionera de los vértices. La suave sensación de nuestros ojos ante semejantes formas es como el sentimiento de un cutis terso, y semejante unidad hace que nuestros conceptos se tornen fáciles y comprensibles. Puesto que lo fácil gusta por sí mismo, y lo forzado –como el exagerado elogio de otros– disgusta por lo contrario, y puesto que la naturaleza misma allana el camino, la sensación y la meditación nos deben conducir hacia la bella simplicidad de los antiguos. Éstos se demoraban en lo que habían reconocido una vez como bello, y puesto que lo bello es uno, no lo cambiaban. Nosotros en cambio no podemos o no queremos atarnos a algo, en este sentido como en otros, y nos extraviamos en necia imitación, por lo que a cada momento, igual que los niños, echamos abajo lo que acabamos de construir.

El estudio del arte es un asunto totalmente diverso del estudio de la crítica.

Debe despertarse ante todo el corazón y la sensibilidad de la juventud mediante la explicación de los más bellos pasajes de escritores antiguos y modernos, especialmente de los poetas, preparándolos de esa manera para con templar lo bello. Al mismo tiempo, el ojo habrá de acostumbrarse a captar lo bello en el arte.

Con la arquitectura ocurrió como con las lenguas antiguas: perdieron su belleza a medida que ganaron en opulencia. Ello podría demostrarse tanto en la arquitectura griega como en la romana. Puesto que los constructores no podían igualar a sus predecesores en belleza, y menos aún superarlos, procuraron mostrarse más ricos que aquéllos... Miguel Ángel, cuya fecunda inventiva no podía limitarse a una modesta imitación de los antiguos, empezó a complacerse en adornos extravagantes, y sus seguidores, que exageraron en la misma dirección hicieron un daño irreparable a la arquitectura.

Al respecto vale lo que decía Diógenes: que deberíamos pedir a los dioses que nos concedieran bellas visiones. Así como la verdad convence, aun cuando no se la pueda demostrar, lo bello, contemplado desde temprana edad, gustará exquisitamente sin mayor instrucción.

Puesto que el arte, y en particular la pintura, es poesía muda, debe exhibir imágenes creadas poéticamente, es decir, personificar pensamientos mediante figuras... Cualquier signo alegórico de esta especie debe contener en sí las cualidades diferenciales del objeto significado. Cuanto más sencillo sea, tanto más comprensible será. Por consiguiente, la alegoría debe ser comprensible por sí misma, sin que sea necesario agregarle leyenda alguna.

La naturaleza misma nos enseñó la alegoría, y este idioma parece adecuársele más que los signos posteriormente inventados por nuestros pensamientos. Porque la alegoría es esencial y da una imagen verdadera de las cosas. Pintar los pensamientos es indiscutiblemente más antiguo que escribirlos, como nos lo ha enseñado la historia de los pueblos del Viejo y del Nuevo Mundo.

La *Ilíada* de Homero debería ser un manual de instrucción para reyes y príncipes; su *Odisea*, en cambio, debería serlo para la vida hogareña. La cólera de Aquiles y las aventuras de Ulises sólo son la trama para los ropajes. Homero transformó en imágenes sensibles las consideraciones de la sabiduría acerca de las pasiones humanas y dio cuerpo de esa manera a sus conceptos, cuerpo que luego vivificó con encantadoras imágenes...

Siguiendo la manera de los poetas antiguos, también los filósofos disfrazaban sus opiniones, sobre todo aquellas que no se atrevían a dar a conocer. Lo que en Newton es atracción, en Empédocles se denominaba amor y odio, y en uno y otro se trataba del principio del movimiento de los elementos.

Entre los conceptos generales, como lo son las virtudes y los vicios, pocos podían representarse plásticamente en los tiempos más antiguos de los griegos, puesto que el idioma mismo no tenía signos para tales conceptos. En tiempos de Homero, ni siquiera se conocía el concepto general de la virtud en sí. La palabra griega, que luego habrá de tener ese significado, debe entenderse en él como coraje, así como la palabra sabiduría tiene en él un significado más restringido, el de la habilidad en cosas mecánicas. Como, además, los antiguos sólo apreciaban las virtudes heroicas, es decir, aquellas que enaltecen la dignidad humana, en tanto que las otras, por cuyo ejercicio decae nuestra opinión de nosotros mismos, no eran ni elogiadas ni buscadas, éstas no fueron representadas de ninguna manera en monumento público alguno. Porque la educación entre los antiguos era diametralmente opuesta a la nuestra. Esta última, si es buena, tiende sobre todo a la pureza de las costumbres; en tanto que aquélla trataba de hacer sensibles el corazón y la mente para el verdadero honor. La juventud debía acostumbrarse a una virtud viril, que despreciaba todas las intenciones mezquinas, y la vida misma, cuando una empresa no resultaba corresponder a la grandeza de su manera de pensar.

Nuestros tiempos ya no son los alegóricos como la antigüedad, en que la alegoría estaba basada en la religión y entretejida con ella.

La elección de lo útil es difícil, casi más difícil que la de lo agradable y hermoso.

Las dificultades superadas con inteligencia y sin sacrificar vidas humanas son las que hacen al héroe.

¡Que se recojan las cenizas de los príncipes bondadosos, y que con la perfección del alma se conquiste más que por la fuerza del brazo!

Entre los grandes acontecimientos deben mencionarse famosos descubrimientos en la naturaleza y en el arte. A ellos deberían referirse los maestros de historia, tanto como a las vicisitudes de los Estados.

Lo que ya no es, es como si jamás hubiese sido.

Los amantes de las artes deben vincular entre sí la arquitectura, la escultura y la pintura, de las cuales Roma es la escuela y más grande maestra. En cualquier arte, las obras más recientes no merecen menor atención que las antiguas.

El error de los eruditos jóvenes suele reconocer dos causas: la primera, porque más que aprender desean enseñar, y la segunda, porque no distinguen entre lo que es digno de la posteridad y lo que no lo es.

En mi intento de escribir la historia del arte, preferí proceder como Heródoto y no como Tucídides. Aquél comienza en la época en que los griegos empezaron a ser grandes, y termina con la humillación de sus enemigos. El otro comienza con la época en que los griegos empezaron a ser desdichados.

No se debe juzgar la composición de los antiguos sobre la base de alguna que otra obra, quizá de alguna obra mala. Sería hacerles una injusticia, si uno se dejase guiar, en ese sentido, por los grandes bajorrelieves del arco de Constantino. Dicho arco permite comparar la diferencia entre los trabajos realizados en tiempos de Constantino y los del tiempo de Trajano. Las figuras de los cuatro ríos en las esquinas y las cuatro Victorias son horrendas. En cambio, los nobles trabajos ovales son muy bellos.

La mayoría sólo ve con los ojos y con las manos; muy pocos ven con la razón. En un vasto paisaje, algunos notan una humareda o una nube de polvo que se levanta o un arriero con su borrico, antes que una hermosa casa de campo.

Con el juicio acerca de las obras de arte sucede como con la lectura de libros. Se cree comprender lo que se lee, pero, cuando llega el momento de explicarlo, se ve que no se ha comprendido. Una cosa es leer a Homero y otra traducirlo en el instante mismo de leerlo. Contemplar las obras de arte con buen gusto no es lo mismo que verlas con la inteligencia y, de un pensamiento general y correcto que se tenga al respecto, no se puede deducir que se tenga también el conocimiento correspondiente.

Pensamientos más maduros acerca de la imitación
de los antiguos en la escultura y el dibujo

Ha pasado casi un siglo desde que gran parte de una nación, como aquejada de ceguera, no apreciaba sino lo que era nuevo, y ese período es el que se dio en llamar Edad de Oro de las artes. Sí, esa ceguera era casi un mal general de la época, y en Roma, en la sede del arte, tuvo consecuencias peligrosas. Era aquella época en que el vano boato de las cortes tomó un incremento excesivo, para fomentar el afeminamiento, holgazanería y servidumbre de los pueblos. Las ciencias estaban en manos de eruditos a la moda, y se trataba de saber mucho, para poder hablar mucho. Se trataba de abreviar el camino hacia las fuentes del saber, y de ese modo se prestaba menos atención a las fuentes mismas, hasta que finalmente se las ignoró, y la perversión pasó de las ciencias a las artes. Así como se dejaron de leer los escritos de los sabios griegos, también se dejaron de admirar las estatuas de sus artistas. Con todo, era menor aún el número de quienes contemplaban con verdadera comprensión las obras de los artistas antiguos, que el de quienes, para su satisfacción, estudiaban los monumentos de la sabiduría de aquella nación.

Cuando se explicaba a Homero en su propio idioma, tal como habría podido hacerse en Atenas, y cuando se consideraba innecesario traducir las citas en griego, porque la mayoría las comprendía, en ese entonces los eruditos y los artistas tenían un verdadero conocimiento de la antigüedad, y los Ariosto, Rafael y Miguel Ángel creaban sus obras eternas y trabajaban para la inmortalidad. Verdad es que el florecimiento de la erudición griega no era causa inmediata de la imitación de la antigüedad clásica por parte de aquellos artistas, pero constituía su causa mediata. El conocimiento general sobre los griegos conducía a pensar igual que ellos, y entre aquellos eruditos se difundió el espíritu de la libertad; para sofocarlo, no hay medio más fácil que impedir que la juventud lea los escritos de los antiguos. Muchos países soportaban un yugo benigno, no gemían bajo la opresión, y entre los seres humanos no había tanta desigualdad. Pero los eruditos de aquel entonces tenían una grande e inmediata participación de la grandeza a la que llegaron Rafael y Miguel Ángel. Sus amigos eran aquellos que habían descrito Platón y Jenofonte.

Exigir el reconocimiento casi significa merecer la ingratitud.

Es necesario abandonar el camino vulgar, para elevarse. Los sabios de la Edad Antigua atravesaban innumerables países, buscando la erudición.

Libertad y amistad son la gran meta final que me ha guiado en todas las cosas.

El incremento de las artes bajo Pericles se produjo del mismo modo que su florecimiento bajo Julio II o León X. Grecia se parecía entonces, como después Italia, a una tierra fecunda y no agotada, pero tampoco descuidada, que merced a una labranza especial derrama las riquezas que atesora; como un campo recién arado que, después de una suave lluvia, despide los más dulces aromas. Por cierto, no es posible establecer una cabal comparación entre el arte anterior a Fidias y el arte anterior a Miguel Ángel y a Rafael, pero en ambos casos tenía una sencillez y pureza que lo hacían apto para cualquier perfección, tanto más cuanto que carecía de toda artificiosidad y se había conservado libre de toda perversión, en lo cual podría asemejarse a la educación del hombre.

A un amigo

Acostúmbrese usted a pensar por propia cuenta, y trate de esbozar sus propios pensamientos. Un pensamiento único, que le parezca nuevo, compensa todo un día de trabajo.

¿Qué es la religión? Es la convicción que, partiendo de las causas finales, se remonta hasta su origen y deduce la existencia de un ser infinito. ¿Y acaso esto no es filosofía? No quisiera ser tan desdichado como para dudar de mi destino futuro, a pesar de que no estoy convencido del todo, como por otra parte no puede estarlo nadie capaz de razonar.

Debemos ser como niños sentados a la mesa, contentos con lo que nos dan, sin servirnos por nuestra propia cuenta ni protestar, y debemos representar bien el papel que nos fue asignado, sea cual fuere.

Elaboro mis propias ocurrencias, y no haría la mitad de lo que hago si tuviese el compromiso de hacerlo, o si trabajase por encargo de otros. Siempre he escrito ensayos, a fin de ejercitar la fuerza del pensamiento, y nunca he deseado que se imprimiesen.

He recibido el escrito del señor Lessing (el *Laocoonte*). Está bella e ingeniosamente compuesto. Pero con respecto a sus dudas y descubrimientos necesita aprender mucho todavía: que venga a Roma, para que podamos conversar aquí... Este hombre tiene tan pocos conocimientos, que ninguna respuesta podría satisfacerlo. Y sería más fácil convencer a un sano entendimiento de la región del Uckermark, que a un ingenio universitario que quiere destacarse mediante paradojas.

Cuán grande es la verdad encerrada en el dicho de que un instante de satisfacción con uno mismo vale más que toda la inmortalidad que la posteridad pueda otorgarnos.

Todo es posible para el que tiene fe, dice el Evangelio, pero también la voluntad humana lo hace posible todo. Lo importante es querer y no desmayar, como pude comprobar por propia experiencia.

Todo es importante, cuando se trata de sacar a la luz una obra de la Antigüedad. Nada debe ser pasado por alto, al observarla, nada debe ser tratado superficialmente. Lo que al lego le parece sin ninguna importancia, puede convertirse en un tesoro para el iniciado.

...Sólo creo en lo que he visto con mis propios ojos, y en lo que he podido estudiar reiteradas veces con toda atención. Muchos han estudiado fugazmente la Antigüedad, pero sólo muy pocos han penetrado en ella, pues se trata de una empresa dificultosa, penosa e ingrata.

Acerca de la impresión de libros

El buen gusto parece haber abandonado este mundo, después de Robert Etienne. Ya no hay ni luz ni sombras en las letras. Es una notable variación de rasgos ascendentes y descendentes, de ensanchamientos y trazos profundos, la que otorga gracia a las letras. Pero esto, que es muy poco, no es accesible para cualquiera y constituye lo que, unido a un arte no escaso, distingue a los maestres.

La Antigüedad y los estudios humanísticos han sido en toda época el gozo de mi vida.

Se consideran como modelos de perfección, o al menos como obras muy cercanas a lo perfecto, las figuras que de la bella época de la antigua Grecia han llegado hasta nosotros, así como algunas otras de épocas anteriores. Las cuatro partes esenciales del arte, que se admiran en los antiguos, son: en primer lugar, la belleza general de las formas; en segundo lugar, la perfección del dibujo en las figuras humanas, y sobre todo en las hermosas cabezas; en tercer lugar, la grandeza y nobleza en las expresiones de los rostros y de los caracteres; y en cuarto lugar, la orgullosa y adecuada expresión de las pasiones, que sin embargo está siempre subordinada a la belleza.

En los antiguos no se encuentra nunca una expresión que sea tan fuerte, como para dañar la belleza. En general, se guiaban menos por la naturaleza que por la belleza ideal, y rechazaban todo lo que no fuese esencialmente necesario para caracterizar a tal o cual personaje. Su gran finalidad era la de lograr que toda obra de arte fuese lo que debía ser, completamente y sin el agregado de ningún otro carácter. Júpiter era todo majestad, Hércules todo fuerza. Se dejaba a un lado lo que no estuviera necesariamente relacionado con la idea principal.

El artista que, en cualquiera de estas cuatro partes del arte, quiera llegar a cierto grado de perfección, nunca estudiará suficientemente las bellezas de la antigüedad. Por ello los pintores y escultores de la escuela romana han superado a todos los de escuelas más modernas, porque tuvieron más oportunidad de ver aquellos grandes modelos de la Grecia antigua. Aun los peores de entre ellos sienten gusto por lo bello... Todos los conocedores convienen en que el estudio de los antiguos es una ocupación imprescindible de los artistas. Gracias a ello, Rafael y Miguel Ángel alcanzaron el grado de grandeza que admiramos en sus obras. Su ejemplo hace que sea superfluo cuanto pueda agregarse además en favor de ese estudio.

Verdad es que los antiguos no pueden ser de mucha utilidad para los espíritus pequeños. No basta con poner atención en los contornos, no, es el espíritu que respiran las bellas estatuas, es el espíritu el que debe ser captado. Aquel que, después de prolongada contemplación, no sienta cierto encantamiento, y no perciba a través de la belleza tangible la invisible perfección, ¡que arroje lejos de sí sus plumas de dibujo, porque los antiguos no le servirán de nada!

Quizás transcurra un siglo antes de que un alemán logre seguirme en el camino que he emprendido, y antes de que haya alguno que tenga el corazón tan bien puesto como lo tengo yo.

LAOCOONTE

Millares de obras de arte famosísimas se trajeron de Grecia a Roma, y entre ellas esta estatua considerada como la más sublime; merece por lo tanto la mayor atención y admiración por parte de la pobre posteridad, incapaz de producir algo que ni de lejos pudiera compararse con su perfección. El sabio encuentra en ella algo para investigar y el artista no termina de aprender y ambos pueden tener la convicción de que en esa imagen se esconde mucho más de o que se revela al ojo, y de que la inteligencia del maestro era superior aún a su obra.

Laocoonte es una naturaleza que experimenta el máximo dolor, plasmada según la imagen de un hombre que intenta combatir ese dolor con todo el poder consciente de su espíritu; y mientras los sufrimientos hinchan los músculos y ponen tensos los nervios, el espíritu infunde toda su fuerza a esa frente levantada, y el pecho se dilata bajo una angustiosa respiración, como queriendo reprimir el torrente de sentimientos, contener el dolor y encerrarlo en sí.

El largo suspiro que retiene en sí, el aliento que reprime, agotan el vientre y ahuecan sus flancos, lo que nos permite juzgar algo así como el movimiento de sus entrañas.

Su propio sufrimiento, empero, parece angustiarlo menos que el tormento de sus hijos, que vuelven el rostro hacia el padre y claman por ayuda: porque el corazón paterno se revela en los ojos apesadumbrados, y la compasión parece flotar en ellos, enturbiando su expresión. Su rostro es quejumbroso, pero no grita, sus ojos están dirigidos hacia un socorro que debería llegarle de lo alto. La boca está llena de tristeza, y el labio inferior caído parece agravado por ella; pero en el labio superior, tendido hacia arriba, esa tristeza parece estar mezclada con dolor, que sube con un matiz de despecho, como ante un castigo inmerecido e indigno, hacia la nariz, la dilata y se manifiesta en las ventanas amplias y en las aletas distendidas.

Bajo la frente represéntase con maestría la contienda entre el dolor y la resistencia, como concentrados en un solo punto; porque, si por una parte el dolor provoca la elevación de las cejas, la rebeldía contra el dolor hace que el ceño baje y se repliegue sobre los párpados superiores, haciendo que las cejas sobresalgan.

El artista que no podía embellecer la naturaleza, trató de mostrarla más desarrollada, más esforzada y poderosa: allí donde está acumulado el mayor dolor se muestra también la mayor belleza. El costado izquierdo, en el que la sierpe vierte su ponzoña con mordedura iracunda, es aquel que por la más cercana sensibilidad del corazón parece sufrir con más violencia, y esa parte del cuerpo es lo que puede denominarse una maravilla de arte.

Sus piernas quisieran alzarse, para huir de su desgracia; ninguna de sus partes está en calma; y hasta la piel crispada ha sido significada por el cincel maestro.

Los autores de esta obra admirable fueron Agesandro, Polidoro y Atenodoro.

HÉRCULES FARNESIO

Esta estatua, esculpida por el maestro Glykon de Atenas, nos muestra a Hércules en actitud de reposo, pero en un momento de calma en medio de sus trabajos, de modo que sus músculos y venas están hinchados y esforzados más allá de la elasticidad común y lo vemos descansar sofocado y jadeante, después de la penosa expedición al jardín de las Hespérides, cuyas manzanas tiene en la mano.

Glykon ha demostrado en esta obra que también era poeta: se ha elevado por encima de las formas humanas comunes en los músculos, que se muestran como montículos comprimidos, puesto que su intención ha sido la de expresar la rapidez y capacidad elástica de las fibras, tendiendo éstas como si fuesen las cuerdas de un arco.

Es necesario contemplar al Hércules con semejantes consideraciones minuciosas, a fin de no confundir el espíritu poético del artista con un estilo sobrecargado, y la fuerza ideal con una audacia exagerada: porque a quien fue capaz de realizar semejante obra, se le puede atribuir confiadamente la intención que le atribuyo.

APOLO DEL BELVEDERE

La estatua del Apolo es el ideal supremo del arte entre todas las obras de la antigüedad que pudieron escapar a la destrucción. El artista basó plenamente su obra en el ideal, y solo tomó de la materia lo que era estrictamente necesario para realizar su propósito y hacerlo visible.

Este Apolo supera a todas las demás estatuas en la misma medida en que lo hace el Apolo de Homero respecto de aquel que describieron los poetas posteriores. Por encima de lo humano se eleva su estatura, y su posición da testimonio de la grandeza que lo colma. Una eterna primavera, como la del bienaventurado Elíseo, reviste la encantadora virilidad de los años maduros con una amable juventud, y juega con suaves encantos en la altiva arquitectura de sus miembros.

Dirígete con el espíritu al remo de las bellezas incorpóreas y trata de ser creador de una naturaleza celestial, a fin de colmar el espíritu con bellezas que se eleven por encima de la naturaleza: porque aquí no hay nada mortal, nada de cuanto exige la miseria humana. Ni venas ni tendones caldean o agitan este puerto, sino que es un espíritu celestial el que se ha derramado como una suave corriente y ha llenado todo el contorno de esta figura.

Acaba de perseguir a la serpiente pitón, contra la cual usó por vez primera su arco, y su paso gigantesco la ha alcanzado y aniquilado. Desde lo alto de su satisfacción, su mirada sublime se dirige hacia lo infinito, muy por encima de su triunfo; hay desprecio en sus labios, y el despecho que lleva en sí hincha sus fosas nasales y sube hasta el orgullo de la frente. Mas no se altera la paz que sobre ella flota con divina serenidad, y su mirada está llena de dulzura, como si estuviese entre las musas que tratan de abrazarlo.

En todas las estatuas que poseemos del padre de los dioses, y que son veneradas por el arte, no apreciamos esa grandeza, con la que se reveló a la inteligencia del poeta divino, y que anima aquí el rostro de su hijo. Las bellezas singulares de los demás dioses parecen unirse y aparecer aquí en comunidad, como sucede con Pandora.

La frente de Júpiter, de la que habría de nacer la diosa de la sabiduría, y cejas que con un gesto expresan su voluntad; los ojos de la reina de las diosas, grandiosamente colmados, y una boca que evoca la de aquel que inspira la voluptuosidad a su amado Baco. Ondula su suave cabellera como los tiernos y gráciles zarcillos de nobles vides cuando los mueve un aire ligero, en torno de

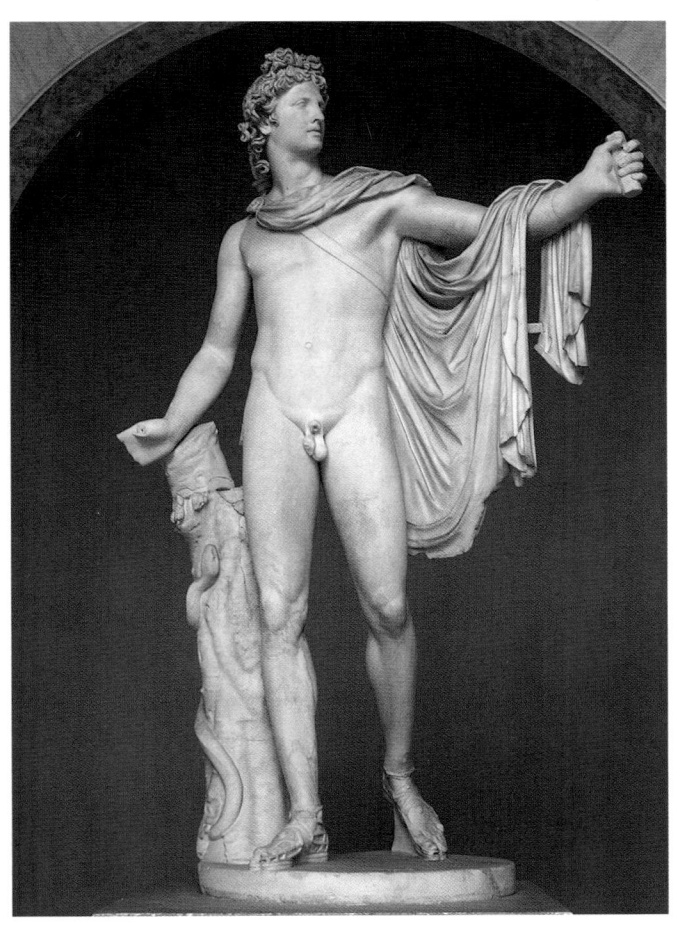

Apolo del Belvedere, siglo IV a. C.
Museos Vaticanos

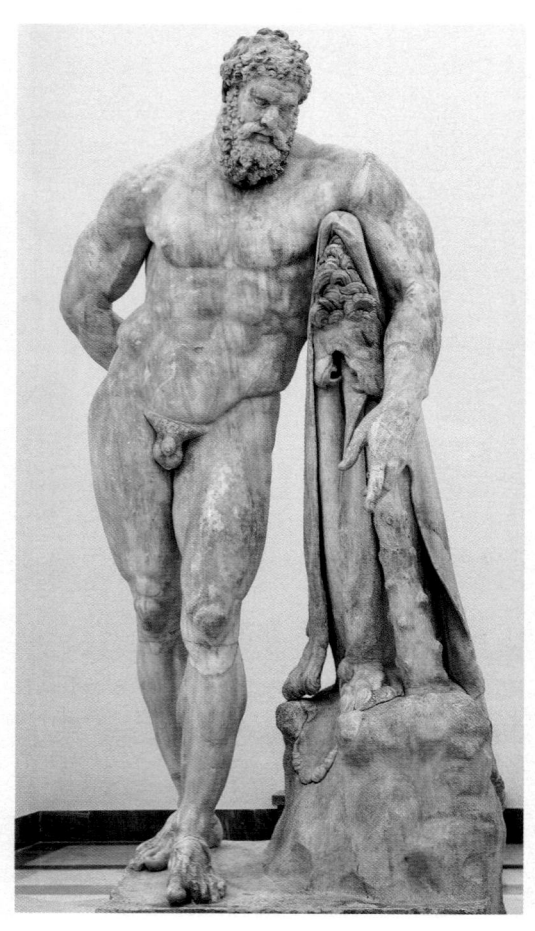

Hércules Farnesio, siglo III d. C.
Museo Arqueológico, Nápoles

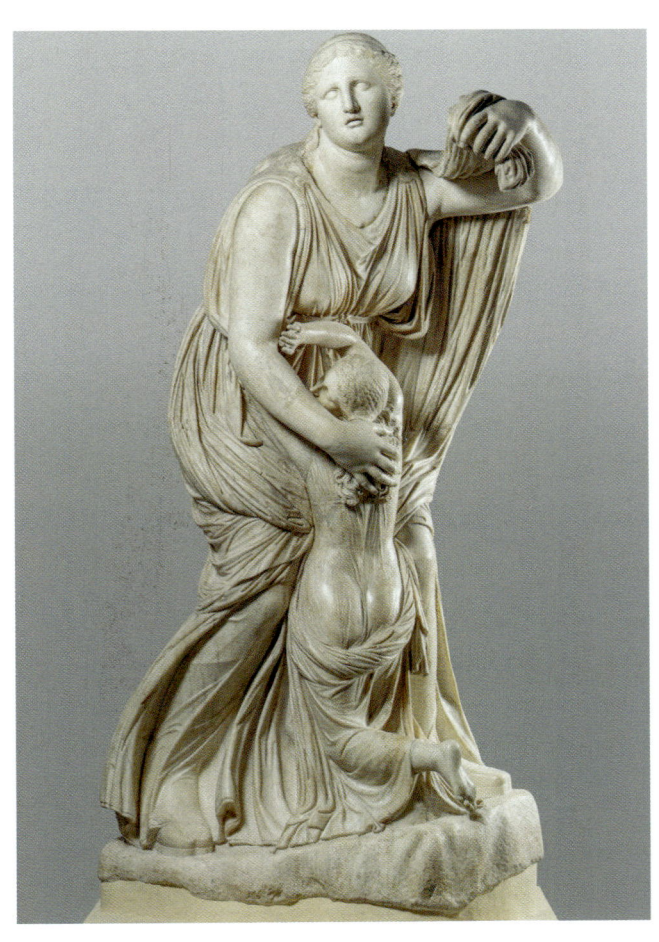

Níobe con su hija, siglo II d. C.
Galería de los Uffizi, Florencia

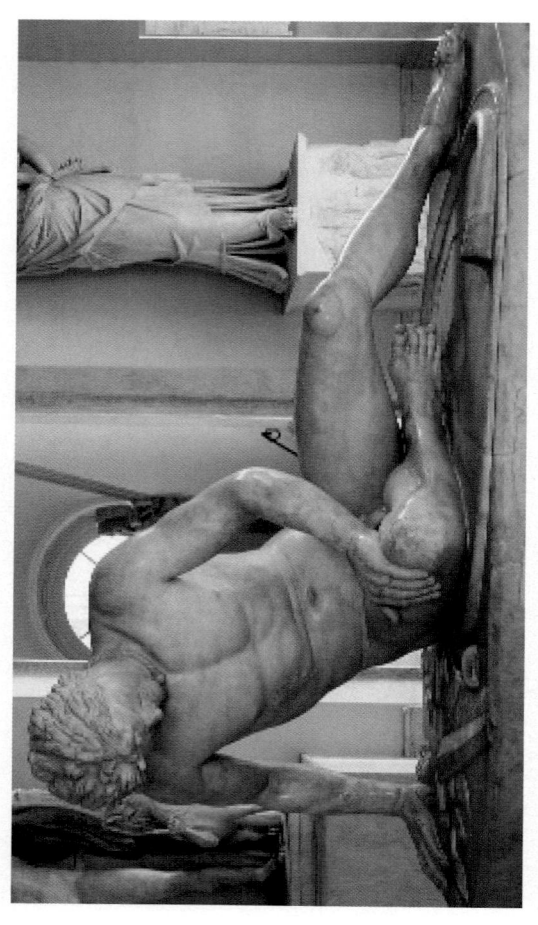

Gladiador agonizante, siglo II a. C.
Museos Capitolinos, Roma

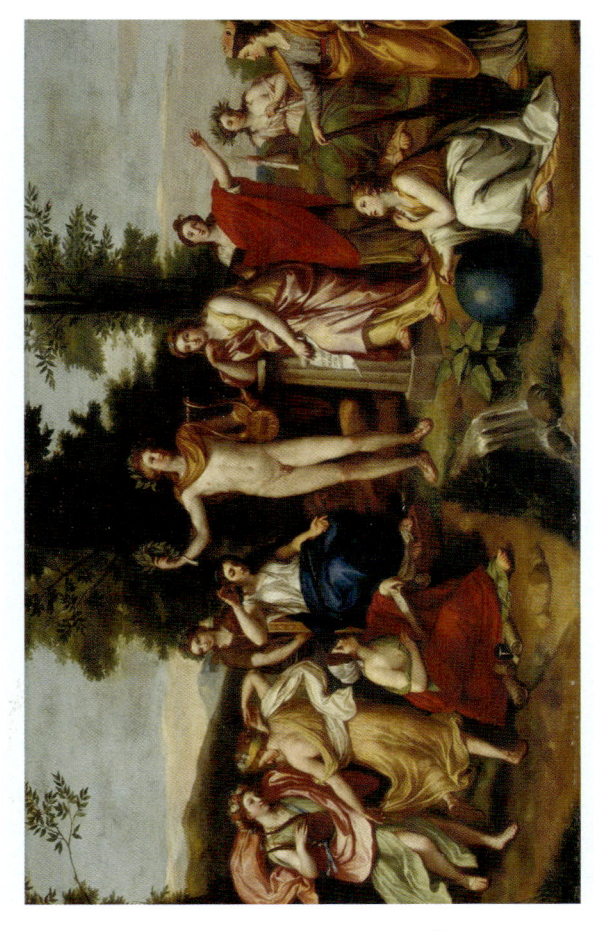

Anton Raphael Mengs, *El Parnaso* (detalle), ca. 1755
Museo del Hermitage, San Petersburgo

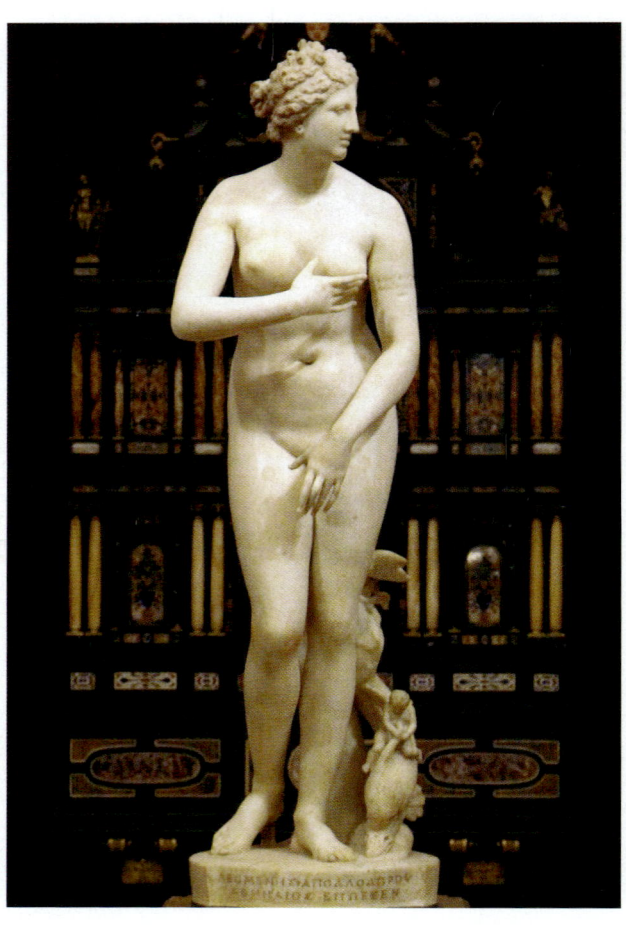

Venus de Médici, siglo I d. C. copia de escultura helenística
Galería de los Uffizi, Florencia

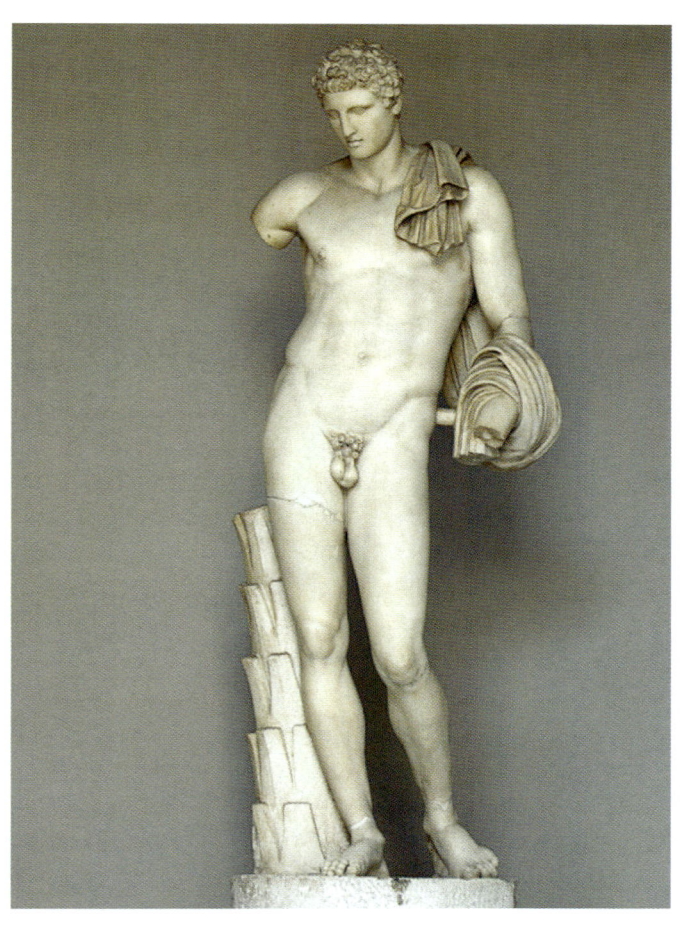

Hermes-Antínoo del Belvedere, siglo II d. C.
Museos Vaticanos

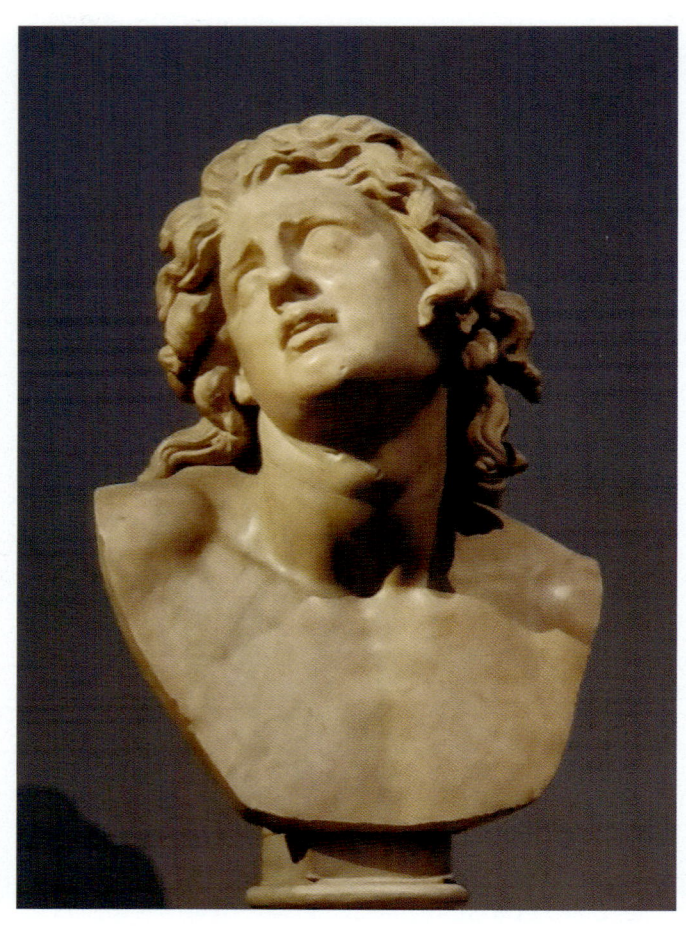

Alejandro moribundo, siglo II a. C.
Galería de los Uffizi, Florencia

la cabeza divina: se diría que está ungida con el óleo de los dioses y que las gracias acomodaron sus ondas con airosa magnificencia.

Olvido todo lo demás al contemplar esta obra maravillosa de arte, y adopto, por mi parte, una postura más noble, para admirarla dignamente. La veneración parece ensanchar y exaltar mi pecho, como el de aquellos que están poseídos por el espíritu de la clarividencia, y me siento transportado a Delos y a los sotos de Licia, lugares que Apolo honraba con su presencia, porque mi estatua parece vivir y moverse, animada como la belleza de Pigmalión. ¡Quién osaría pintarlo o describirlo! El arte mismo debería aconsejarme o conducir mi mano, para que pudiera realizar lo que he esbozado aquí con breves trazos. Pongo, pues, a los pies de la estatua el concepto que he dado de ella, como aquellas coronas de flores que no alcanzaron a las sienes de las deidades que aspiraban a coronar.

MELEAGRO, ERRÓNEAMENTE LLAMADO ANTÍNOO

En general se considera al erróneamente denominado *Antínoo* del Belvedere como el más bello monumento del arte de la época de Adriano, a partir de la falsa creencia de que es una estatua de su favorito; en cambio se trata más bien de la representación de un Meleagro. Se la ha colocado entre las estatuas de primera categoría y lo merece, pero más por la belleza de ciertas partes aisladas que por la perfección del todo; porque las piernas y los pies, así como el vientre, son de una forma y un trabajo mucho menos valiosos que las demás partes de la figura. La cabeza es, indiscutiblemente, una de las bellas cabezas juveniles de la Antigüedad. En el rostro del Apolo dominan la majestad y el orgullo; aquí, en cambio, hay una visión de la gracia de una encantadora juventud, y los años florecientes de la belleza se unen a una amable inocencia y a un suave atractivo, sin la insinuación siquiera de pasión alguna, que podría alterar la armonía de las partes y la lozana serenidad del alma.

Toda la actitud del noble modelo reside en esa quietud, como si fuera en el goce de sí mismo, con los sentidos recoletos y retraídos de cualquier objeto exterior. El ojo, levemente combado como el de la diosa del amor, pero sin deseos, nos habla de una cautivante ingenuidad; la boca breve y gordezuela, respira deseos sin sentirlos; las mejillas alimentadas hasta una plenitud seductora, junto con la línea redondeada del mentón levemente alzado, describen el contorno total y sublime de la cabeza de este noble mancebo.

Mas en la frente se revela algo más que el mancebo; anúnciase allí el héroe, en la sublime magnificencia con que se despliega, igual que la frente de Hércules. El pecho está poderosamente ensanchado, y los hombros, flancos y caderas son de admirable belleza.

Pero las piernas no tienen la forma hermosa que semejante cuerpo exigiría; los pies están burdamente esculpidos y el ombligo apenas indicado.

Venus medicea

Entre todas las diosas, con justicia corresponde el primer lugar a Venus, como diosa de la belleza, y porque sólo ella, junto con las Gracias y las diosas de las estaciones del año, las Horas, está desnuda; también porque, con mayor frecuencia que otras diosas, ha sido representada en diversas edades.

La Venus medicea de Florencia se asemeja a una rosa que, después de una hermosa aurora y cuando sale el Sol, se abre, y entra en una edad en que los vasos se dilatan y el busto comienza a ensancharse.

Al ver su actitud, me imagino a aquella Lais que enseñaba el amor a Apeles, y me figuro verla en el instante en que, por vez primera, debió desnudarse ante los ojos del artista.

Esta estatua suele atribuirse a Scopas.

Entre las obras de Ctesilas era particularmente conocida la estatua de un guerrero herido, en la cual podía apreciarse cuánto le quedaba todavía de su alma; *In quo possit intellegi, quantun resrtet animae.*

Yo considero que la figura corresponde a un héroe, porque no creo que el artista se haya rebajado hasta algo vil, dado que, de acuerdo con Plinio, su mérito residió en haber ennoblecido aún más a seres humanos, ya de por sí nobles.

Desde ese punto de vista, creo que tampoco es de él la estatua denominada del gladiador agonizante, que se encuentra en el Museo Capitolino, y que muchos le atribuyen; esa figura representa a una persona de clase humilde, que ha llevado una vida de trabajo, como lo demuestran el rostro, una de sus viejas manos y las plantas de los pies.

Tiene una soga alrededor del cuello, atada con un nudo debajo del mentón, y yace sobre un escudo ovalado, sobre el cual han arrojado un cuerno de caza roto. Esta estatua no puede representar a un gladiador, en parte porque en la época floreciente del arte los griegos no conocían los juegos de los gladiadores, en parte porque ningún artista digno de tal creación, se habría rebajado hasta les gladiadores. Tampoco puede ser un gladiador, puesto que no es un cuerno corvo a la manera de los *litui* romanos el que está roto debajo de él, tal como indiqué. Una inscripción griega nos enseña que los heraldos o pregoneros de los juegos olímpicos de Elis llevaban una soga atada alrededor del cuello y soplaban en un cuerno. Esta inscripción, que se leía en la estatua de un vencedor olímpico, nos permite contemplar de manera distinta la estatua capitolina.

Acerca del arte del diseño de los griegos, y de la belleza

Razonar acerca del arte del diseño de los griegos es lo mismo que tratar acerca de la belleza en todas sus partes, puesto que ésta fue tanto la base como el fin del arte de diseñar de aquéllos. Nos lo demuestran sus obras, en las cuales bien se ve que subordinaron tanto la ciencia a la idea que se formaren de lo bello, que hubieran tenido que representar en las mismas obras todo cuanto indistintamente se contempla en la naturaleza como expresión, ya que, para representar este o aquel hecho, habrían tenido que contar con las figuras.

Dije que atendieron a la belleza en todas sus partes, y decir quisiera que no solamente cuidaron de retratar en sus obras a quien era joven y se hallaba en la flor de los años, sino a cualquier persona y de cualquier edad; ajustándose, por ejemplo, en todas las otras figuras a la misma regla que debe observarse al representar las estaciones, cada una de las cuales, con apariencia de joven o de persona de avanzada edad, ha de ser a su modo bella y atractiva. Este cuidado en representar bellas todas las edades del hombre, como, por así decir, es bello y agrada el año desde la primavera hasta el otoño, fue llevado a la práctica por los artífices griegos, no sólo en el conjunto de sus obras, sino también en cada parte de las mismas; de modo que puede decirse que, al modificarlas, procedieron de lo general a lo particular, como la naturaleza, del tronco del árbol a las ramas.

Comprendo a qué me arriesgo si voy más adelante; en el hacerse entender la cosa más difícil es individualizar y desmenuzar la materia de que se trata: por eso, quienes hasta ahora se han ocupado de lo bello se han nutrido, por pereza de mente antes que por falta de saber, de ideas metafísicas. Han concebido una infinidad de bellezas, y las han reconocido en las estatuas griegas, pero, en vez de señalarlas allí, han hablado abstractamente; así es como Césare Ripa ha compuesto su iconología, basada en su casi totalidad en monumentos que han resultado destruidos o perdidos.

Para ocuparse entonces del arte del diseño de los griegos, o sea, de la belleza por ellos representada en las figuras humanas, y destacar su valor, para provecho tanto de quien se complace en ellas como de los artífices, se ha partido de lo ideal para llegar a lo sensible, y de lo general para llegar a lo individual, combinando las ideas que tenemos y tuvieron los artífices griegos acerca de lo bello esparcido por toda la naturaleza, y particularmente de aquello de que ha sido dotado el hombre por ésta, con la consideración de las bellezas representadas por los mismos griegos en sus obras; y haciendo esto, no con palabras vagas e indefinidas, sino con una precisa determinación de aquellos contornos y delineamientos, de donde nacen las apariencias que llamamos bellas formas. Por lo tanto, mi razonamiento estará dividido en dos partes, en una de las cuales me ocuparé de la belleza del diseño en general, o sea del aspecto que ofrece la figura humana contemplada en su totalidad, tanto en ella misma, como en la expresión y en los actos; y en la otra, hablaré de las partes que contribuyen a hacerla bella.

De la belleza y de lo imposible que resulta definirla.

La belleza puede reducirse a ciertos principios, pero no puede definirse. Se dice comúnmente que consiste en el mutuo consentimiento de la criatura con sus fines, y de las partes consigo mismas y con el todo; pero esto es confundir la belleza con la perfección, y ni ésta ni aquélla quedan definidas con esas palabras, ni pueden definirse, porque la humanidad no es capaz de hacerlo. ¿O es que la humanidad ha adecuado a lo bello una definición que lo confunde con lo perfecto?

La imposibilidad de definir la belleza proviene de que ella es una cosa superior a nuestro intelecto; y esta superioridad ha dado lugar, no habiéndonos sido posible idear nada más sublime y perfecto acerca de la belleza, a que lo bello y lo perfecto nos parezcan dos cosas idénticas; de lo contrario, tendríamos la verdadera definición, tal como ha ocurrido con aquellas cosas cuya esencia se conoce totalmente. Por otra parte, sea cual fuere la definición, quienquiera esté persuadido de que cada criatura ha de llevar consigo el sello de la perfección siempre y cuando sea capaz de ella, y de que cada idea se halla basada sobre una razón, la cual debe proceder de otra, comprenderá que la razón de la belleza, de la cual puede decirse lo mismo que de la perfección, no puede encontrarse fuera de la belleza, pues ésta se encuentra en toda esencia creada.

De los principios del razonamiento y de las condiciones de la belleza que son la unidad y la simplicidad.

Dicho esto, se debe también admitir para nuestro fin la siguiente consideración: que la realización de la belleza sólo existe en Dios; por lo tanto, que la belleza humana tanto más se enaltece cuanto más puede uno concebirla conveniente, proporcionada y correspondiente a la del

Ser Supremo, y diferente de la materia por su unidad e indivisibilidad: dos atributos que son la fuente de dos soberanos principios de la belleza, que todos tratan de ver en los objetos que se les presentan, vale decir, la unidad y la simplicidad amalgamadas con armonía y combinadas en proporción; ya que la simplicidad nace de la unidad, y de las dos juntas procede lo sublime.

Consideremos también la otra verdad, que toda cosa se torna comprensible cuando la idea de las partes que la componen se concentra en una o en las menos posibles; de manera que cada objeto, cuando se presenta al intelecto en una sola apariencia y unido en un solo punto, llega a delineársenos en su totalidad, es decir, con toda su dimensión y grandeza. Por el contrario, cuanto más dividido se halle un objeto, y cuanto más deban dispersarse las ideas, tanto menos el objeto parecerá grande, y menos podrá comprenderse; no pudiendo abrazarse y medirse todo de un solo golpe de vista, debido a las partes desunidas y multiplicadas; ocurriéndole a la vista lo que al viajero, a quien tanto más se le alarga el camino cuanto más son los descansos que se toma. Por la misma razón, un pequeño edificio, construido con simplicidad, resulta grandioso y magnífico, y un palacio lleno de ornamentos parece pequeño, si bien es más grande; así, por la misma razón se torna pequeña y mezquina la música preñada de arpegios, de trinos y de pasajes intempestivos; y nos parece sublime y patética la que con modulaciones graves y simples reúne con arte uno y otro valor.

Esta es la unidad que requiere el diseño, diferente empero de la identidad, o sea, del mostrarse siempre una misma cosa, es decir, que consista en contornos tales que las partes, al explicar toda la figura, nos parezcan ser otras tantas modificaciones de la unidad. Esta idea es, ciertamente, un poco abstracta, pero no por eso menos válida; es de gran importancia en virtud de lo que debo decir después. Conviene, por lo tanto, que la exprese, si es posible, en la forma más apropiada para hacerme entender; y me parece que podría conseguirlo, diciendo que en tal idea de la unidad está comprendido lo indefinido, término que me parece el más adecuado para, utilizar aquí. En consecuencia, al decir que la figura, para ser bella, debe ser definida, quiero dar a entender que su forma no será la de la persona que se retrata, ni representará alguna situación anímica o algún afecto; porque estas dos cosas, al destruir la unidad, ofuscan o degradan la belleza. Por lo tanto, puede decirse de la belleza lo que del agua tomada de una fuente, la cual mientras menos sabrosa resulta, más salubre se estima.

No creo que deba agregar que la unidad y la simplicidad de que hablo son de carácter material y moral; el aspecto moral se refiere a la actitud en que los artífices colocan a las figuras, y el material, a la forma de ellas; hablaremos tes, y en las juveniles las modifica sordamente para que uno no advierta, no en esa edad, sino después de los años, qué distingue la juventud de la madurez. Por consiguiente, se considera menos imperfecta la imagen de la madurez y de la vejez, aun cuando esa imagen resulte recargada más de lo requerido, que la más mínima declinación de los contornos que configuran la juventud: en ésta toma cuerpo, como suele decirse, aun la sombra menos visible.

1717. Nace en Stendal, pequeña ciudad de Prusia.

1733-4. Formación escolar en Stendal y Berlín.

1738-40. Universidad de Halle.

1741. Universidad de Jena. Gana su vida con lecciones y pequeños empleos. Estudia letras e historia, especialmente los autores griegos. Laureado en teología.

1743-47. Co-rector de la escuela de Seehausen.

1748-53. Es nombrado bibliotecario de la gran biblioteca del conde Bünau en Nöthnitz cerca de Dresde. Esta biblioteca es una de las más grandes de Europa y en ella encuentra Winckelmann el ambiente propicio para continuar sus estudios.

1755. Por la intervención del cardenal Archinto, nuncio en la corte real polaca de Dresde, le es ofrecido el puesto de bibliotecario del cardenal Passionei en Roma, previa conversión al catolicismo. Una vez en Roma vive rodeado de eruditos y artistas, entre los cuales se encuentra el pintor Rafael Mengs, que ejercerá una gran influencia en la formación de su juicio artístico.

1758. Realiza su primer viaje a Nápoles, donde visita las ruinas de Herculano y Pæstum, de las que proporciona la primera descripción exacta. En el mismo año se traslada a Florencia para clasificar la colección de piedras grabadas del barón von Stosch.

1759. Goza de la protección del cardenal Albani, profundo conocedor de arte y coleccionista apasionado, en cuya casa reside.

1763. Es nombrado Prefecto de las antigüedades romanas.

1768. Tras 12 años de residencia en Italia, consagrados al estudio y al trabajo, siente la necesidad de volver a Alemania para reencontrarse con sus viejos amigos. Ya en viaje, en los Alpes, se arrepiente de esta decisión y emprende el regreso a Italia. Mientras se encontraba en Trieste aguardando el barco que lo conduciría de vuelta, es asesinado por un bandido que intentó robarle.

www.casimirolibros.es

ahora del aspecto material. La unidad material, entonces, que también podemos llamar lineal, se adapta más para representar la edad del hombre en la que parece que la belleza tiene su asiento, es decir, la juventud; porque aquí es tanto más una la unidad, cuanto más son las líneas requeridas para hacer la figura de una persona joven, aun cuando se aparten de la rectitud para convertirse en elípticas, formadas por muchas parábolas que tienden a diversos centros; a pesar de que van ascendiendo, corren tan dulcemente que pueden asemejarse a la superficie del mar no agitado por los vientos, el cual, si bien se mueve, se dice que está en calma. Esta unidad de contornos, así definida por mí, fue refinada en mayor medida por los artífices griegos, y tornóse constante entre ellos debido a la observación de las personas, cuyo estado impúber era mantenido más largamente por la privación de las glándulas espermáticas. Esto ocurría con los sacerdotes de Cibeles y de la Diana efesia, pues en ellos llegaba a producirse la suave convexidad de ambos sexos con menos resentimiento de los músculos y de las partes cartilaginosas de lo que suele ocurrir en nuestra breve juventud.

Al revés de los modernos artífices –los cuales creen dar mayor prueba de saber cuanto más hacen resaltar las venas y los músculos en las imágenes de cualquier edad– fue en las figuras de la pubertad, naturalmente privadas de esas partes ásperas y resentidas y, en consecuencia, más aptas para conservar la unidad del diseño, donde inmediatamente después de los griegos se ponían todo el saber y el estudio para hacer resaltar la belleza, y donde el genio y la delicadeza del sentir se manifestaban, habiéndose elegido esta edad, antes que cualquier otra, aun a despecho de la mitología, por haberse advertido que sólo la juventud era apta para representar las divinidades revestidas de cuerpos más bien etéreos que materiales.

Dije que los artífices griegos se dedicaron más y pusieron mayor atención en representar figuras de esta edad, tal vez más que de cualquier otra, contrariamente a los modernos, los cuales hicieron aparecer en los miembros juveniles los contornos marcadamente ásperos de los miembros de cualquier edad. Pero, prescindiendo de la belleza, ¿sólo por la dificultad de la obra hemos de dar a éstos la preferencia?

Todos pueden comprobar que, al insinuarse insensiblemente el uno en el otro los contornos de las figuras juveniles, es cosa dificilísima determinar los puntos precisos de la mayor elevación de las líneas que se describen, y de los sitios donde una se confunde con la otra ; y como están juntos, es ciertamente más difícil el determinarlos, puesto que en figuras así realizadas debe estar todo lo que se ve en las maduras, pero sin que parezca que lo son; por la razón de que en las maduras la naturaleza ha completado su obra, con la ya citada determinación de las par-